高校体育教学
改革研究

◎袁露露　张和峰　王庆云　著

湘潭大學出版社
XIANGTAN UNIVERSITY PRESS

文化润疆视阈下龙狮运动以文化人的民族性培育研究，省级社科研究项目，2021年度湖北省高等学校哲学社会科学研究项目，青年项目，编号：21Q225

前言

高校体育教学，作为高等教育体系中不可或缺的一环，承担着培养学生体育技能、强化体质的使命，同时在塑造学生的全面人格、促进其全面发展方面扮演着关键角色。随着社会进步和教育理念的演进，高校体育教学正逐步摆脱传统的单一体能训练模式，向更加多元和个性化的方向发展。这一转变强调了学生的主体地位，激励他们在体育活动中实现自我探索与挑战，进而在团队合作、竞争精神和创新思维等方面得到锻炼和提升。因此，对高校体育教学的深入探讨和研究，对于引领体育教育的创新改革、提升教育品质具有深远的影响和价值。

本书致力于对高校体育教学进行深入探索，旨在构建一个与现代教育理念相契合的体育教学体系。本书涵盖了从教学目标的明确设定、课程内容的细致规划，到教学资源的优化配置和教学模式的创新实践，旨在全面优化高校体育教学的各个环节。特别指出了核心素养在制定体育课程目标中的核心作用，强调了通过目标的持续监测与实现，促进学生全面素质的提升。此外，本书对体育教学评价体系进行了深入分析，包括学生体育学习能力、教师教学能力及教学环境的综合评价，旨在为提高高校体育教学的整体质量提供坚实的理论基础和实用的操作指南。

在本书的编撰过程中，笔者广泛涉猎并汲取了学术界众多专家和学者的研究成果，对他们的辛勤工作和智慧结晶表示最诚挚的敬意与感谢。本书虽经笔者竭尽所能，力求严谨与全面，但鉴于学术探索的无限性和个人能力的局限性，书中难免存在疏漏与不足。对此，笔者恳请读者的理解和宽容，并真诚期待读者宝贵的意见和建议。笔者相信，通过读者的反馈与交流，本书将得到进一步的完善，共同促进学术研究的深入发展。

目 录

第一章 高校体育教学与改革

第一节 高校体育教学的问题分析

一、教学理念滞后

高校体育教学中的教学理念滞后是当前体育教育改革中亟待解决的一个突出问题。尽管体育教学在高校中占据重要位置，但现行的教学模式仍然受到传统观念的束缚，未能充分适应现代社会对于多样化人才培养的需求。在许多高校，体育教学主要集中于竞技体育和基础体能训练，忽视了学生个体差异以及兴趣的多元化发展。这种过于单一的教学模式不仅未能满足不同学生的体育需求，还在很大程度上抑制了学生对体育的兴趣。传统体育教学过于强调统一标准，这种模式假设所有学生在体能、兴趣、技能等方面的差异可以通过相同的教学内容来弥补。然而，现代社会的学生群体具有更多元的兴趣和背景，他们对体育的需求和期望也变得更加复杂。许多学生希望通过体育课培养健康生活方式、提高心理素质或通过某项特定的运动项目来提升自己的综合能力，而不仅仅是通过体能训练达到某种标准。但由于现行体育教学理念的滞后，学生的这些需求未能被重视和满足，这使得体育课程的吸引力下降，甚至让部分学生对体育产生抵触情绪。

虽然竞技体育可以培养学生的竞争意识和团队合作精神，但并非每个学生都适合或热爱这种形式的体育活动。在不少高校中，体育课的考核仍然以竞技项目的成绩为主，忽视了那些在非竞技性体育项目中表现优秀的学生的需求和表现。这种评价方式导致部分学生因无法在竞技体育项目中取得好成绩而产生挫败感，进而丧失对体育的热情。与此同时，一些对休闲体育、健身训练、瑜伽等非竞技性项目感兴趣的学生，则因为学校提供的选择有限，无法找到适合自己的运动方式。随着现代社会生活节奏的加快和学业压力的增加，学生在体育锻炼中的需求已不仅仅是提高体能，更包括减压和心理健康的维护。然而，传统的体育教学模式并未对这一需求做出有效回应。体育课如果只是机械化的体能训练，很难让学生在其中找到愉悦感和成就感，反而可能加重学生的心理负担。相反，若能结合一些现代体育教学理念，如兴趣导向、多元化选择、心理调适等，将更有助于提升学生的整体身心健康。

二、教学内容单一

高校体育课程内容的单一性是当前体育教育中亟须改进的一个关键问题。长期以来，许多高校的体育教学内容主要集中在传统的运动项目上，如篮球、足球、排球和田径等。这些项目虽然具有一定的普及性和竞技性，但由于内容相对单一，未能满足学生对体育的多样化需求。在现代教育背景下，学生对体育的需求已不仅限于传统的运动项目，他们更希望获得多元化的体育技能和全面的体育素养，但目前的课程设置未能很好地实现这一目标。现有的高校体育课程往往延续了过去竞技体育为主导的教学思路，强调体能和技能的训练，而忽略了休闲体育、健康管理等方面的内容。这种单一的课程结构不仅未能充分考虑到学生的个人兴趣，也未能帮助学生培养终身体育锻炼的习惯。尤其是对于那些对传统球类运动不感兴趣的学生而言，过于集中的课程内容使得他们对体育课产生了抵触情绪，无法从中获得乐趣或感受到运动的价值。

现代社会对个人综合素质的要求越来越高，健康管理、身心协调以及压力调节等方面的能力也被纳入了体育教育的范畴。然而，许多高校的体育课程仍然只停留在身体技能的训练上，忽视了这些更为广泛的体育目标。瑜伽、健身训练、普拉提等项目作为新兴的体育形式，不仅可以帮助学生塑造体形、提高身体素质，还能在改善心理健康、调节情绪方面起到重要作用。然而，由于这些项目在高校体育课程中推广不力，很多学生并没有机会接触到它们,无法形成更加全面的体育素养。此外,课程内容单一的问题也制约了学生个性的发展和兴趣的培养。不同的学生对体育的需求是不同的,有的学生偏好团体竞技项目,有的学生则更喜欢个人运动或休闲健身项目。当前的体育课程设置并没有充分考虑到这些差异。学生在选择课程时往往面临有限的选择,许多学生被迫选择自己不感兴趣的项目,导致参与积极性不高,无法从体育中获得真正的锻炼效果。

随着社会的发展,越来越多的新型运动形式逐渐被人们所接受,如极限运动、户外探险、电子竞技等。这些新兴的运动项目不仅具有娱乐性和挑战性,还能培养学生的团队协作精神、问题解决能力和创新思维。然而,传统体育课程体系对这些新兴项目的关注度不足,未能及时将其纳入课程体系中,使得学生错失了探索新运动形式的机会,进而限制了他们的综合体育素养的提升。当前的体育课程内容未能很好地与学生的实际需求和社会发展趋势相契合,造成了课程内容与学生兴趣、需求之间的错位。现代社会的生活节奏加快,学生的学习压力也逐渐增加,许多人通过体育锻炼来缓解压力和改善心理健康。然而,现有的体育课程设置过于强调竞争性和身体对抗性,缺乏休闲放松的运动选项,这不仅未能满足学生的减压需求,还在一定程度上增加了他们对体育课的排斥感。

三、教学方法陈旧

高校体育教学方法的陈旧性问题已经成为制约学生体育素质和兴趣提升的关键因素之一。当前许多高校的体育课堂依然沿用传统的“教师讲解、学生模仿”的方式,教学形式单调,缺乏互动和创新。这种方式不仅未能充分调动学生的主动性和参与感,也难以让学生从体育活动中获得更多的乐趣和成就感。与现代教育技术和理念的发展相比,这样的教学方法显得滞后而单一,亟须进行改革和更新。在传统的体育课堂上,教师通常站在主导位置,负责讲解动作要领和示范标准动作,学生则处于被动的学习状态,仅仅跟随教师的指令进行机械式的模仿。这种方式忽视了学生个体之间的差异,无法根据不同学生的体质、技能水平和兴趣爱好进行针对性的教学设计。

传统的教学方法过于注重体育技能的训练,而忽视了与学生互动和沟通的机会。在课堂上,学生与教师之间的交流通常仅限于教师的指示和学生的执行,缺少双向的互动。这种单向传递的教学方式很难激发学生的思维和创造力,学生无法在体育课中充分表达自己的想法和需求。这也使得许多学生在课堂上缺乏参与感,体育教学变得枯燥乏味,学生的学习积极性和课堂体验感大打折扣。随着科技的飞速发展,现代教育已经进入了信息化、智能化的时代,许多新兴技术在教育领域中得到了广泛应用。然而,体育教学在这方面的应用却相对滞后。虚拟现实技术、智能穿戴设备等新技术可以为体育教学提供更加多样化和个性化的体验,但在实际教学中,这些技术的应用仍处于初级阶段,远未普及。智能技术能够帮助学生更好地了解自己的身体状况和运动需求,甚至可以通过虚拟场景进行体验式学习,这将极大地提高学生的参与度和兴趣。

新技术的引入不仅可以丰富教学手段,还能够促进体育教学的互动性和趣味性。比如,虚拟现实技术可以让学生身临其境地体验某些难以在现实中实现的体育项目,智能穿戴设备则能够实时监测学生的运动数据,帮助他们更好地掌握自己的运动进展和身体状况。由于教学设备的限制、教师的技能不足以及教学理念的滞后,这些技术在实际教学中的应用仍然不足,导致体育课堂的吸引力和教学效果未能得到有效提升。如今的体育课堂依然以技能传授为核心,忽视了体育作为一种社交、娱乐和个人成长的多重功能。体育不仅仅是锻炼身体,还可以通过团队合作、竞争等方式培养学生的领导能力、团队精神和沟通技巧。

许多学生在体育方面拥有独特的天赋或兴趣,但因为课堂形式的单一和限制,他们的创造力无法得到充分发挥。体育教学不仅应该注重技能的传授,还应为学生提供更多的自由度,让他们在运动中找到乐趣,培养创造力和创新思维。通过设置开放式的教学任务或情境,让学生能够根据自己的兴趣和理解进行运动设计,这不仅能增强他们的自主性,还能提升他们对体育的热爱。

四、场地设施不足

高校体育教学中的场地设施不足问题是影响学生体育锻炼效果和参与积极性的一个重要因素。随着高校招生规模的不断扩大，学生数量逐年上升，体育场馆和器材的供给却未能同步增加。这种供需之间的矛盾不仅限制了学生参与体育活动的机会，也在很大程度上影响了他们的运动体验和体育学习效果。在许多高校，体育场馆的建设速度远远跟不上学生人数的增长，导致学生在体育课和课外体育活动中面临场地紧张的问题。尤其是在上课高峰期或大型赛事期间，场地的使用变得更加困难，许多学生只能被动等待或者与其他班级共享场地。

现代体育教学倡导多元化的体育项目和锻炼方式，但由于许多高校的体育器材种类单一，学生只能选择有限的传统项目，如篮球、足球、排球等。一些新兴的体育项目未能得到广泛配置，导致学生无法体验到更多样化的体育项目。这种情况下，体育课的吸引力降低，学生的参与度也难以提升。

五、教师专业素质参差不齐

高校体育教学中，教师专业素质的参差不齐直接影响了体育课程的教学质量和学生的学习体验。在当前的教育体系中，体育教师不仅要具备扎实的专业知识，还需要不断更新教学理念和提高教学技能，尤其是在新兴体育项目和现代教学技术迅速发展的背景下，这显得尤为重要。随着体育项目的多样化发展，学生对于新兴运动形式的需求日益增加，如瑜伽、健身训练、攀岩等。然而，许多体育教师的知识和技能仍停留在传统的项目上，对这些新兴体育项目的掌握程度较低，甚至完全不了解。这导致他们在教学中难以为学生提供多样化的课程内容，也无法帮助学生接触到更多的体育项目，限制了学生的兴趣发展。对于一些已经开始接触新兴体育项目的学生来说，他们也难以从教师那里获得专业指导。

随着科技的进步，许多先进的教学工具和方法已经广泛应用于教学领域，如智能穿戴设备、虚拟现实技术等，这些技术可以帮助学生更好地理解和掌握体育技能，并实时监测他们的身体状况。然而，部分体育教师对这些新技术的使用和应用掌握不足，他们仍然沿用传统的教学方式。一些教师在课堂上缺乏创新性和互动性，教学内容单一，课堂气氛沉闷，学生被动参与，缺少自主性。这种教学方式未能充分考虑到学生的个体差异，忽视了他们的兴趣和需求。导致学生在课堂中感到枯燥乏味，无法激发学生的运动热情和兴趣。而有些教师则能够根据学生的兴趣和能力设计多样化的教学内容，采用互动性强、趣味性高的教学方法，使得课堂更加生动有趣，学生也更愿意主动参与。

除了教学内容和方法的不足，教师的职业素养和教学态度也是影响体育教学质量的关键因素。部分体育教师对教学的重视程度不足，他们对学生的体育学习过程关注不够，更多关注的是体育课的结果或成绩。而优秀的体育教师则能够平衡过程与结果的关系，通过科学合理的评价体系激励学生不断进步，让学生在体育课中获得成就感和满足感。

六、评价机制不合理

高校体育教学中的评价机制不合理问题已成为影响学生的参与积极性和体育锻炼效果的重要因素之一。当前的评价机制以体能测试和技能考核为主要标准，过于注重结果导向，忽视了学生在体育活动中的努力和持续进步。这种评价机制不仅无法全面反映学生的体育素质和综合能力，还在一定程度上增加了学生的心理负担，削弱了学生对体育课的兴趣和积极性。

当前的评价机制过于强调竞技体育的技能考核，而忽视了学生对体育活动的兴趣培养和长期参与的态度。大多数高校体育评价体系只关注学生是否掌握了某些特定的体育技能，例如投篮、传球或跑步的速度，却很少考虑学生在这些技能学习过程中的成长和投入。这种技能导向的评价方式忽略了体育教学的根本目的——培养学生的运动兴趣和健康意识。对于那些不擅长某些竞技体育项目的学生而言，这样的考核无疑会打击他们的信心，导致他们对体育锻炼失去兴趣，甚至在日后不再主动参与体育活动。

许多体育教师在评价时，只注重测试结果，而不愿意花时间去观察学生在课堂上的表现和努力程度。这导致一些表现优异的学生得到过高的评价，而那些虽然进步显著但测试成绩不理想的学生则被忽视。这种评价方式在一定程度上挫伤了学生的积极性，特别是那些身体素质较弱的学生，他们在感受到自身努力被忽视后，往往对体育课失去兴趣，甚至对整个体育活动产生消极情绪。

第二节 高校体育教学改革的必要性

一、提升学生体质健康水平的需要

（一）应对学生体质下降的现实需求

随着科技的发展和生活节奏的加快，学生的生活方式发生了巨大变化，长期伏案学习、频繁使用电子设备、久坐不动等生活习惯，直接影响了他们的身体素质。许多学生由于课业压力或休闲方式的变化，减少了体育锻炼的时间，进而导致体能不足、肥胖问题加剧，甚至伴随视力下降等问题。高校作为培养人才的重要场所，必须意识到这一现状，并通过体育教学的改革为学生的身体健康提供有效保障。传统体育教学模式的局限性在应对学生体质下降的现实需求中显得尤为突出。大多数高校体育课程仍然以体能测试和技能训练为核心，忽视了学生的个体差异和多样化的锻炼需求。学生往往被迫参与一些不感兴趣或不擅长的项目，缺乏自主选择的空间，久而久之，导致一些学生对体育课产生了抵触心理。因此，改革体育教学内容与方式，增加多样化和个性化的体育项目设置，成为高校应对学生体质下降的必要途径。

通过引入不同类型的运动项目，能够满足学生的不同兴趣和需求，从而让更多学生参与到体育锻炼中来。传统的体育课程通常以田径、篮球、足球等竞技性项目为主，而忽视了那些对竞技体育不感兴趣的学生。如今，瑜伽、普拉提、健身训练等非竞技性运动项目越来越受到学生的欢迎，这些项目不仅能够改善体能,还能帮助学生缓解学习压力、提升身心健康。因此,高校在体育教学改革中应当结合现代学生的实际需求,提供更加多样化的运动选择,促使更多学生主动参与体育锻炼,改善体质健康。传统的体育教学方法通常以教师讲解、动作示范为主,学生被动跟随,缺乏个性化指导。这种“一刀切”的教学方式未能充分考虑到不同学生的身体状况和运动基础,导致很多学生在课堂上得不到有效的锻炼。科学的教学方法则强调根据学生的不同体能水平、兴趣爱好进行分层次教学,让学生能够在适合自己的强度和节奏下进行锻炼。通过个性化的运动处方和训练方案,教师能够更好地引导学生在安全范围内提高体质水平,并帮助学生养成健康的生活习惯。

智能穿戴设备、运动数据监测技术等现代工具能够帮助学生更好地了解自己的运动状态和体能水平,进而调整锻炼计划,实现个性化的健身目标。例如,学生可以通过佩戴智能手环监控运动中的心率、卡路里消耗等数据,随时掌握自己的身体反应。这种即时反馈不仅增加了学生对锻炼过程的参与感,还能让他们直观地看到自己的进步,进一步提升他们的锻炼动力。高校通过引入这些现代科技手段,能够将体育教学与科技紧密结合,增加教学的趣味性和互动性。随着学习压力的增加,很多学生在面对高强度的学习时感到焦虑。体育锻炼不仅能提升体质水平,还能释放压力、改善情绪。因此,在改革体育教学时,不仅要考虑如何提升学生的身体素质,还应通过科学的锻炼设计,帮助学生提高心理健康水平。

(二)通过科学合理的课程设置促进身体素质的全面发展

传统的高校体育课程多集中于竞技性强的项目,如篮球、足球、排球、田径等。这些项目虽然能够有效增强学生的体能和团队合作精神,但并未充分考虑到所有学生的兴趣和需求。尤其是那些对竞技体育缺乏兴趣的学生,他们往往在这样的课程中缺少参与的动力,无法充分从体育锻炼中受益。因此,改革高校体育课程设置,提供更加多元化、灵活的运动选择,是提升学生身体素质的必要途径。丰富的课程设置能够更好地满足不同学生的兴趣,激发他们的运动热情。学生的兴趣爱好各不相同,传统的竞技体育项目虽然具有较强的对抗性和竞技性,但并非所有学生都擅长或喜欢参与此类运动。很多学生更偏好个人项目或低强度的健身运动,如瑜伽、普拉提、健身操等,这些运动不仅能够有效锻炼身体,还能帮助缓解压力、提高身体的柔韧性和灵活性。因此,通过引入更多样化的课程内容,高校能够为不同体质、不同兴趣的学生提供合适的选择,让他们在自己感兴趣的运动中获得锻炼和乐趣。

科学的课程设计应考虑到运动的适应性和可控性,以确保学生的全面发展。对于体能较弱或缺乏运动基础的学生来说,过于激烈的竞技体育项目可能会让他们感到压力过大,从而失去参与体育活动的信心。通过设置适应性广、运动量可控的项目,如慢跑、健身训练、太极拳等,学生可以根据自身的体能状况选择适合自己的运动强度,逐步提升身体素质。这种灵活的课程安排不仅可以让学生在舒适的运动范围内锻炼,还能帮助他们逐渐提高心肺功能、肌肉力量和柔韧性等多方面的身体指标,避免因为运动强度过大而造成的运动损伤或身体负担。传统的竞技体育项目更多地侧重于体能和耐力的训练,而忽视了身体柔韧性、协调性等其他方面的素质发展。通过引入诸如瑜伽、普拉提等运动,可以帮助学生在提升力量和耐力的同时,改善柔韧性、平衡感和身体的整体协调性。此外,像游泳、健身训练等项目能够同时锻炼身体多个部位,提高心肺耐力、增强核心力量,有效促进全身协调发展。

科学合理的课程设置能够激发学生的长期运动兴趣,帮助他们养成终身锻炼的习惯。学生只有感受到运动的乐趣并从中受益,才能更主动地参与体育活动。多样化的课程设计不仅让学生可以自由选择适合自己的运动项目,还能通过长期锻炼逐步看到自身的进步和身体素质的提升,从而激发学生继续锻炼的动力。特别是在大学阶段,帮助学生培养终身体育意识是非常重要的。合理的体育课程能够使学生掌握科学的锻炼方法,学会根据自身情况设计适合自己的运动计划,最终形成长期坚持体育锻炼的健康生活方式。此外，课程设置应注重与现代科技的结合，以提供更加科学的锻炼方式和有效的运动反馈。结合现代科技的体育课程设计能够提高课堂的现代化水平，使体育教学更具科学性和趣味性。

（三）结合个性化教学方法激发学生锻炼兴趣

高校体育教学中个性化教学方法的引入是激发学生锻炼兴趣和提升体质健康水平的重要途径。传统的“一刀切”教学方式容易让部分学生感到压力大或无所适从，特别是对于那些不擅长某些运动项目的学生，他们很难在传统教学中找到自己的兴趣点。因此，体育教学改革亟需引入个性化的教学方法，以满足不同学生的需求，从而提升学生的参与感和锻炼积极性。每个学生的体质状况不同，有的学生身体素质较好，能够参与高强度的运动项目，而有些学生可能因为身体条件或健康状况的限制，只能参与低强度的锻炼。因此，体育教学改革应当根据学生的体能测试结果、健康状况等，设计不同层次的锻炼方案。个性化教学能帮助那些身体素质较弱的学生逐步提高体质水平，使他们能够在合适的运动节奏中不断进步。

个性化教学方法可以结合学生的兴趣和爱好，激发他们的锻炼动力。每个学生对体育的兴趣各不相同，传统的体育教学通常集中于少数几种竞技性项目，如篮球、足球、田径等，无法满足所有学生的需求。个性化教学则可以根据学生的兴趣爱好，提供多样化的运动选择。兴趣是最好的老师，只有让学生在自己感兴趣的运动中获得乐趣，他们才会更加主动地参与体育锻炼，从而提升长期坚持锻炼的动力。智能穿戴设备、运动数据分析工具等科技手段已经广泛应用于现代体育教学中。这些技术能够帮助教师实时监测学生的运动情况，获取有关心率、卡路里消耗、运动时长等数据，全面了解学生的运动状态。基于这些数据，教师可以对学生的运动计划进行个性化调整，确保每个学生都能在安全、有效的情况下进行锻炼。这种基于数据的个性化调整，不仅提高了教学的精准度，还让学生能够通过数据直观地看到自己的进步，增强学生的成就感和参与积极性。

在传统的体育教学中，学生往往因为自己在某些项目上的能力不足而感到挫败，从而失去对体育的兴趣。个性化教学能够根据每个学生的实际水平设计合适的训练任务，让他们在力所能及的范围内进行锻炼。这种积极的锻炼体验能够有效增强学生的运动意愿，进而促使他们不断提升体质健康水平。通过个性化教学，学生不仅可以在短期内看到自己的进步，还能够在长期锻炼中逐步掌握适合自己的运动节奏和锻炼方式。教师可以根据每个学生的身体状况和进步曲线，不断调整锻炼计划，帮助学生逐步提高运动强度和难度。这种循序渐进的个性化指导，不仅能够帮助学生养成持续锻炼的习惯，还能让他们在未来的生活中更好地坚持体育锻炼，最终形成终身体育意识。

在未来的体育教学中，个性化教学方法无疑是提升教学质量和学生健康水平的重要手段。通过结合现代科技和学生的实际需求，高校体育教学能够更加灵活、科学地设计课程，确保每个学生都能在体育课中获得积极的锻炼体验。

二、培养终身体育意识的需求

（一）改变短期导向，注重长期健康意识的培养

当前高校体育教学存在的一个突出问题是过于注重短期的体能测试和技能考核，忽视了长期健康意识的培养。大多数体育课程的评价标准集中在特定阶段的成绩表现上，学生的锻炼目的主要是通过考试或取得较高的分数。这种短期导向的教学方式，虽然能够在短期内提高学生的体能，但无法促使他们将体育锻炼融入日常生活，忽略了体育对于健康的重要性。因此，高校体育教学改革的一个重要方向应是改变这种短期导向，重点关注学生的长期健康意识培养。体育锻炼本质上是一项长期积累的过程，其效果不会在短期内完全显现，然而，传统的体能测试制度往往让学生为了临时提高成绩而集中锻炼。这种“临阵磨枪”的行为，虽然可能在短时间内提高运动能力，但并不利于学生养成持续锻炼的习惯。一旦考试结束，许多学生便停止运动，体育锻炼只停留在“应试”层面，无法对学生的健康产生长期的积

极影响。因此,改革体育教学的内容和评价机制,摆脱短期成绩的束缚,培养学生的长期健康意识是非常必要的。

高校体育教学改革可以通过调整教学目标,将体育课的重点从成绩表现转向健康生活方式的培养。体育教学不仅仅是为了让学生通过考试或掌握某项运动技能,而应着眼于帮助学生建立长期的锻炼习惯。通过引入健康管理、体能维护等方面的课程内容,可以教会学生如何科学锻炼,如何在不同生活阶段进行有效的身体保健,从而形成终身体育的意识。一项有效的改革措施是引入“过程性评价”代替传统的“一次性成绩评定”。过程性评价注重学生在整个学期或学年的锻炼参与度和进步,而不仅仅是期末的体能测试成绩。通过对学生日常锻炼的持续观察和记录,教师可以更全面地了解学生的运动状态和健康发展情况。同时,过程性评价还可以帮助学生直观地看到自己的进步,增加学生的成就感,进一步激发学生的锻炼积极性。

通过过程性评价,高校可以帮助学生逐渐认识到体育锻炼对长期健康的积极作用。在这种评价体系下,学生的日常表现和努力程度被重视,他们可以意识到,长期坚持体育锻炼不仅能提高短期体能,还能提高生活质量、预防疾病、增强身体机能。这种健康意识的培养不仅会对学生的在校生活产生积极影响,还能帮助学生在未来的生活中更好地管理自己的健康,形成终身锻炼的意识。推动这一改革,还需要体育教师提升教学理念和更新教学方法。教师不应仅关注学生的短期成绩,而应通过个性化指导帮助学生理解不同锻炼方式的长期益处。例如,教师可以为学生设计长期的锻炼计划,让他们根据自己的体能状况和个人目标逐步提高锻炼强度,并指导学生如何平衡运动与休息、饮食与锻炼等。

改革高校体育教学评价体系,推动学生从短期体能测试向长期健康管理的转变,还需要借助现代科技的力量。智能设备和运动数据分析工具可以帮助学生跟踪自己的锻炼情况,了解自己的身体状态变化。这些数据的积累和反馈可以帮助教师更好地进行过程性评价,并为学生提供更加科学的锻炼建议。

(二)提供多样化课程,引导个性化运动选择

高校体育教学改革的一个重要方向在于提供多样化的课程,帮助学生根据自身情况进行个性化的运动选择。传统的高校体育课程通常集中在几类竞技性强的项目上,如篮球、足球、田径等,这些项目虽然有助于锻炼学生的体能和竞技精神,但对不同体质、兴趣和需求的学生而言,并非最佳选择。许多学生由于对这些项目缺乏兴趣,逐渐失去对体育课的热情。因此,丰富课程内容,提供多样化的运动项目,是促进学生形成终身体育意识的关键措施。通过引入丰富的体育课程内容,学生能够接触到更多类型的运动项目,拓宽他们对体育的认知。多样化课程的引入能够为学生提供更多选择,打破过去单一的教学内容,真正满足学生在体能训练和兴趣培养方面的多样化需求。

多样化的课程设置能够引导学生根据自己的体能状况和锻炼目标选择适合的运动方式。每个学生的体质不同,一些人可能适合高强度、对抗性强的运动项目,而一些人可能更偏向柔和或低强度的运动。例如,体能较弱或初学者可以选择游泳、瑜伽等对身体冲击较小的项目,而那些具备较好运动基础的学生可以选择进行更具挑战性的健身或户外运动。这种自由选择的空间不仅能够增强学生的参与感,还能有效避免因项目不适合而导致的运动挫败感。体育教学改革的目标不仅在于丰富学生的运动选择,更在于帮助学生掌握科学、安全的锻炼方法。学生在体育课中不仅要学会如何进行某项运动,还需要理解科学的锻炼原理和技巧。例如,在健身训练中,学生需要学习如何通过正确的姿势和方法避免运动损伤;在游泳或户外运动中,学生要学会掌握急救和安全技巧。通过多样化的课程,教师能够为学生提供丰富的运动知识储备,帮助他们在未来自主进行运动时具备必要的技能和安全意识。

(三)改革评价机制,鼓励持续性锻炼习惯

当前高校体育评价机制的单一性和结果导向性已经显露出许多弊端,

尤其是对学生长期锻炼习惯的培养产生了负面影响。现有的体育评价机制大多依赖于期末的一次性测试,注重学生的期末成绩,而忽视了他们在整个学期内的参与情况、努力程度和进步曲线。这种方式不仅无法全面反映学生的真实体育水平,还容易让学生在测试结束后放弃锻炼。因此,改革体育评价机制,转变其过于单一和结果导向的特征,是鼓励学生养成持续锻炼习惯的必要措施。改革体育评价机制,必须注重对学生参与过程的评价,而不仅仅依赖于一次性测试成绩。学生在体育课上的表现应当包含他们的参与积极性、课堂表现、努力程度等多方面因素。通过将这些元素纳入考核范围,体育教师可以更好地了解学生对体育活动的投入情况,进而对学生的体育素质进行更加全面和公正的评价。例如,学生在日常锻炼中的态度、配合程度以及是否能完成教师设定的训练计划,都是考核学生体育素质的重要标准。这样的评价体系不仅能够鼓励学生在整个学期内保持锻炼热情,还能避免他们为了通过期末考试而采取短期强化训练的行为。

为了进一步激励学生,评价机制的改革还可以借助现代科技的手段。例如,智能穿戴设备和运动数据记录工具可以实时监测学生的运动数据,如心率、步数、运动时长等。这些数据不仅可以为教师的评价提供参考,还能帮助学生更好地了解自己的运动状况,及时调整锻炼计划。此外,通过将这些数据与评价体系相结合,学生能够更加直观地看到自己在体育锻炼中的进步与不足,进一步增强他们的锻炼兴趣和积极性。科技手段的引入,为体育评价机制的多样化和科学化提供了有力支持,能够更好地激励学生长期坚持锻炼。评价机制的改革还应着眼于培养学生的终身体育意识,帮助他们在日常生活中继续保持运动习惯。评价体系可以通过增加参与课外运动或个人运动计划的记录,来全面反映学生的运动情况。这样,学生不仅能够在课堂上接受系统的锻炼,还能够在生活中主动参与体育活动,逐渐将锻炼融入日常生活。这种课堂内外相结合的评价方式,不仅能帮助学生保持健康的生活方式,还能提升学生的体育素养。

三、适应学生多样化需求的必要性

(一)丰富课程设置,满足多样化兴趣

当前高校体育教学改革的重要任务,是通过丰富课程设置来更好地满足学生的多样化兴趣。传统的体育课程大多集中在竞技性较强的项目上,如篮球、足球、排球等,虽然这些项目具备广泛的参与基础,但并非每个学生都感兴趣,单一的课程设置已无法满足所有学生的需求。体育教学改革应当引入更多种类的运动项目,让学生根据自身的兴趣和需求进行选择,既能提升他们的运动参与感,也能够帮助他们找到适合长期坚持的锻炼方式。

现代大学生普遍面临较大的学业和生活压力,心理健康问题日益凸显。通过提供一些具有放松和心理调节作用的运动项目,如瑜伽、普拉提等,学生可以在体育课中获得身心放松的机会,缓解学业压力,提高情绪调节能力。尤其是一些对传统竞技体育项目感到压力较大的学生,可以通过这些更加轻松、内敛的运动方式找到心理的平衡,从而更好地面对学习和生活中的挑战。此外,户外运动等新兴体育项目的引入,也能帮助学生培养冒险精神和团队协作能力。这些运动通常要求参与者在陌生环境中进行自我挑战,并且需要高度的团队配合。这不仅有助于提升学生的身体素质,还能培养他们的领导力、团队合作意识和解决问题的能力。通过在体育课程中融入这些具有拓展性质的项目,学生能够在身体和心理双重方面获得成长。

(二)通过个性化教学满足差异化需求

在高校体育教学中,满足学生的差异化需求已经成为体育教学改革的重要方向之一。每个学生的体质、运动能力和兴趣偏好都存在显著的差异,传统的"一刀切"教学模式难以适应这种多样化的需求。为了让每个学生都能从体育课程中受益,改革后的体育教学不仅要丰富课程内容,还要通过个性化教学手段,帮助学生根据自身情况选择适合的运动强度和形式,从而更好地激发他们的锻炼热情。

(三)增强课程吸引力,提高学生参与度

高校体育课程改革的一个重要目标是增强课程吸引力,以提高学生的参与度。当前,许多高校的体育课程设置过于单一,主要集中在少数几类竞技体育项目上,且教学模式相对僵化。这种局限性使得许多学生对体育课失去了兴趣,无法在课程中找到适合自己的运动形式,最终导致他们在体育课之外也缺乏继续锻炼的动力。因此,改革体育课程,通过引入多样化的选择和个性化教学方法,能够有效提升课程的吸引力,激发学生的运动热情,并帮助他们在日常生活中养成长期锻炼的习惯。丰富的体育课程设置能够让学生接触到更多不同类型的运动形式,满足他们的兴趣需求。

第二章 高校体育教学改革的资源依托

第一节 体育教学的环境资源

一、体育教学环境的概念

体育运动是在特定的自然环境下进行的,体育离不开环境。创造适宜的体育环境,将有助于提升运动者的兴趣和身心健康水平。良好的体育环境能够促使学生自觉地、积极地、科学地参加体育运动,有利于学生身体正常生长发育,促进体格、体能以及身体素质的不断提高,增加对自然环境的适应能力和对疾病的抵抗能力,培养对体育运动的兴趣及顽强的意志品质。因此,正常的教学活动离不开一定的教学环境,教学环境的好坏对于教学活动能否顺利开展以及教学质量的高低具有直接的影响。体育教学是在特定的环境下进行的活动,科学合理的教学环境是教学任务完成的基础保证。

总的来说,体育教学环境是学校实现体育教学活动所必需的多种客观条件的组合,它是按照体育教学活动中人的身心发展的特殊需要而组织起来的环境。同时,体育教学环境作为环境以及教学环境的下位概念,是学校体育环境的组成部分,也是学校体育教学的重要影响因素。北京师范大学体育与运动学院毛振明教授在《体育教学论》这样定义体育教学环境:体育教学环境是在体育教学过程中影响“教”和“学”的条件的总和,主要包括制度、集体、氛围、物质等方面的条件。

二、体育教学环境要素

任何体育教学活动都是在特定的体育教学环境中进行的。广义上而言，影响体育教学效果的所有社会环境均涵盖其中，如社会体育制度、社会体育观念、家庭体育习惯及社区的体育硬件设施等；狭义上而言，体育教学环境主要是指学校体育教学活动所需的体育物理环境、体育制度环境及体育心理环境，如校园自然环境、校园运动场地及设施、体育课内外活动制度、校风、班风、体育课堂教学气氛及师生间的人际关系等。总之，体育教学环境是多个因素的构成体，本书将体育教学环境分为物质环境、制度环境和社会心理环境来概述。

(一)体育教学的物质环境

体育教学的物质环境是体育教学环境的一个重要组成部分，是学校进行体育教学活动的物质载体或物质基础，没有这个物质基础，体育教学活动只能是空中楼阁，根本无法进行。体育教学的物质环境是体育教学中各种有形的、静态的硬环境部分，主要包括体育教学场所、体育教学设备、体育教学的自然环境、体育教学信息、班级规模等。

物质环境是指对体育教学过程发展产生影响的物质要素的总和，它包括三大要素：体育实物性要素，如体育场馆、体育设施等；体育组织性要素，如班级、俱乐部、兴趣小组、体育社团等；体育可物化要素，如体育教学经费等。

体育是一门实践性很强的课程，在学校体育教学环境中，体育物资设备起到了载体作用，教师通过体育器材来实施教学的计划，学生则通过体育器材、场馆进行体育活动。通常体育教学物质环境包括自然环境和体育设施环境，自然环境指的是学校的花草树木、空气、噪声、光线等，这些客观事物在一定程度上影响学生的学习和训练，体育设施环境指的是由后天改造而来的，如体育场馆、体育器材、教学设备(秒表、录像带、光盘等)，体育设施的好坏直接影响到教学质量的好坏。

1.校园自然环境

体育自然环境是指与体育这一主体相互联系、相互制约、相互作用的一切自然条件，如山川、河流、大气、土地、噪声、生物等。这里所讲的体育自然环境,并非广阔无垠的自然界,而仅指与体育这一主体产生相关性的自然环境因素,因此体育自然环境的分类与环境科学中的自然环境的分类方法也有所不同。

体育教学通常在户外环境中进行,户外的阳光、温度、湿度、气味、空气流动等构成了体育教学的自然环境。体育教学的自然环境在中国南北方的差异较大,南方多雨、潮湿,植被茂盛;北方少雨、干旱,风沙大,都对体育教学产生了很大的影响。

2.体育场地

体育教学与其他学科的教学相较,具有一定的特殊性,不仅需要教室进行体育理论课的学习,还需要场地组织学生进行运动训练。其中,人们常见的有田径场、篮球场、足球场、排球场和游泳池等。

运动场地的地表材料、颜色以及清洁度是构成体育教学场地的第一重要因素。优质、色彩鲜艳和整洁的体育场地不仅会极大地激发学生的运动兴趣,还可以给予学生安全感。此外,场地上清晰和规范的场地线还有利于学生遵守规则。

3.场地周边物体

运动场地周边的景物色调以及与体育场地的协调感是构成体育教学物质环境的重要因素。漂亮和谐的校舍、树木、草坪、体育围网、栏杆以及可以看到的其他景色会使学生感到安逸和安全,调动学生的学习积极性,消除恐惧感和疲劳感。

4.体育设施

体育场地和周围设置的体育设施的质量、多少、颜色以及清洁度是构成体育教学物质环境的重要因素。排列合理美观、数量适当、色彩鲜艳和整洁的体育设施会对学生的运动产生感召力,形成浓厚的运动氛围,在体育设施周围设置的提醒标志以及对运动方法的解说还能帮助学生进行安全合理的体育锻炼。

5. 体育器具

体育器具的材料、形状、颜色、清洁度、完好度和新旧程度是构成体育教学物质环境的感性因素。这些因素不仅影响着教学的安全性和有效性，也极大地激发了学生的参与热情和运动兴趣，为课堂注入了活力与动感。

6. 体育教具

体育教具是指体育教师带到体育课堂上的挂图、模型、黑板、多媒体设备等教学工具。这些教具的质量和科技含量构成了体育教学环境的文化性因素。加工精美并深含知识性的教具会提高体育教学的文化氛围，提高体育教学的学术性色彩，激发学生的提问意识，有利于学生的探究性学习和创新性学习。

7. 班级规模

班级规模是指一个班学生人数的多寡，它对体育教学效果有较大的影响。体育教学不同于室内理论教学，学生多数时间并不是坐在教室学习。因此，体育课的班级人数规模应适度，一般保持在20～40人为宜，如果人数规模较大且在短时间内确实无法解决，可以通过加大场地设施建设和分组教学的方法来解决。

8. 运动服装

教师和学生的运动服装也是构成体育教学物质环境的重要因素。优质、色彩鲜艳、合身和整齐划一的运动服装会使学生感到与集体的统一性，还会增强学生的自信，符合运动特点的服装能增强运动强度和运动的安全性。

（二）体育教学的制度环境

制度环境是指一系列与政治、经济和文化有关的法律法规和习俗，有广义与狭义之分。广义的制度包括体制、机制、法律、规章条例、行为规范、习俗等；狭义的制度主要是指规章条例。体育教学的制度环境是取得好的教学效果的制度保证,有些是以文字形式说明的规章制度,有些是在师生头脑中形成的口头的共同约定。体育教学的制度环境通常包括课堂常规、行为规范等部分。

1.体育课堂常规

体育课是必修课,课堂常规是为了保证体育教学工作的顺利进行,要求师生共同遵守,以使得教学有序有效。

体育课堂常规是在体育教学中为了完成课程的教学任务对体育教师和学生所提出的要求,如上课时体育教师和学生都应该穿运动服和运动鞋,课程开始时师生之间相互问好,课程结束时师生之间相互道别等。这些表面上看起来微不足道的小细节,其实隐含着巨大的教育作用,对师生的课堂行为具有极强的规范和约束作用。特别是如果体育教师能长期坚持不懈地贯彻课堂常规并能以身作则,将对学生的体育态度与行为乃至思想品德产生不可估量的影响,这种影响甚至也许会持续一生。

2.行为规范

行为规范是教师和学生在扮演个人角色时的行为准则,对每个个体行为规范的明确规定也是体育教学制度环境中不可缺少的因素。文明、友善和具有集体性的个人行为可以使集体具有良好的风气,能使个别不良的行为受到约束,能提高教学质量。

3.组织纪律

组织纪律是维护集体活动有效率地进行、维系正常人际关系及构成体育教学制度环境的重要因素。

4.运动规则

运动规则是体育教学中特有的制度,是体育教学制度环境中鲜明的特征性因素。合理的运动规则可使体育比赛具有公平性,使体育学习和竞赛充满乐趣。

5.作息制度

一个学校的作息制度，大致规定了学生每天在学校的各种活动内容、时间顺序等。体育教学的时间安排也是由其所决定的，作息制度的安排应该充分考虑学生一天生理、心理活动变化的基本规律，因为学生的生理、心理活动能力在一天每个时段的表现是不同的。人体运动能力最佳的时间是下午，因此，体育课安排在下午是比较合理的。当然，这还要考虑到各个学校具体的实际情况。

6.体育成绩评价方法

体育课成绩评价包括了评价指标、评价指标权重和评价标准等几个方面，它是对学生体育学业成绩的一种衡量。体育课成绩的评价方法对体育教师的教和学生的学都有一定的导向和激励作用。评价方法运用得恰当，可以调动学生学习的积极性，并能使体育教师及时获得学生学习的有关反馈信息，为体育教师改进教学提供依据。

(三)体育教学的心理环境

体育教学过程中，教师、教材、学生、教学手段等因素之间存在着紧密的联系，它们之间既有物质的联系，又有心理的相互作用，这种心理的相互作用就构成了一定的体育教学心理环境。良好的体育教学心理环境对体育教学活动有重要的影响。首先，它有利于沟通体育教学信息，交流思想，促进教师与学生、学生与学生之间产生心理相容和情感交流。其次，它有利于克服和消除学生的生理和心理疲劳，提高体育教学效果。最后，它还有助于维护正常的体育教学秩序，使学生和教师顺利地完成体育教学任务。

1.校风、班风

校风是一所学校所特有的占主导地位的行为习惯和群体风气，体现为一种独特的心理环境，它是稳定且具有导向性的。校风是一种无形的环境因素，也是一种巨大的教育力量，一所学校的学风、教风、体育教学的开展情况都与校风有关。校风是以心理气氛的形式出现的，这种心理气氛一旦成为影响整个群体生活的规范力量，它就是一种具有心理制约作用的行为风尚，并依靠群体规范、舆论、内聚力来发挥作用。

班风即一个班级的风气，是由班级成员共同营造的一种集体氛围。班风反映了班级成员的整体精神风貌与个性特点，体现出班级的内在品格与外部形象，引领着班级未来发展的方向，对班级建设具有重要的导向作用。班风是经过长期、细致的教育和严格的训练，在全班逐步形成的一种行为风气。良好的班风将为班级学生的成长、发展提供一种有效的动力和压力，使班级里具有亲切、和睦和互相帮助的关系和勤奋进取、文明礼貌的氛围以及遵守班集体行为规范和维护集体荣誉的精神状态。

2.学校的传统与风气

学校体育传统与风气是校风的有机组成部分，它指一个学校在体育方面养成的带有普遍性和相对稳定的一种集体行为风气。良好的学校体育传统与风气，会对学生产生潜移默化的影响，对帮助学生形成正确的体育态度、兴趣、爱好，养成良好的体育锻炼习惯，以及提高学生的体育文化素养等都有着非常重要的作用。

3.体育课堂教学气氛

课堂教学气氛指班级集体在课堂教学过程中形成的一种情绪、情感状态，包括师生的心境、态度、情绪活动以及课堂秩序等。支持型氛围就是在体育教学中教师和学生，学生与学生之间形成和谐、民主、平等的关系，这样学生就会产生满足、愉快、合作、互动和互助等积极的情感状态；防御型氛围表现为体育教师有绝对的权威，形成“家长制”的教学气氛，师生之间的关系既紧张又对立，加上学生之间的不和睦，从而极大地阻碍了教师与学生之间的交流。因此，在教学的过程中，体育教师与学生之间应保持平等、互助的关系，体育教师是教学与认知的促进者，而不应以管理者自居。

4.体育教学中的人际关系

师生关系是构成体育教学集体心理的第一重要因素，教书育人、平等温暖和尊师爱生的师生关系会极大地激发学生的学习愿望，教师的知识储备和人格魅力也会使学生喜爱体育课，增加学习动力。同时，良好的师生关系会使学生更积极地进行探究性和创新性学习。

教学中的人际关系还包括学生与学生之间的关系，这种关系也在很大程度上影响着学生个体的发展，良好的学生之间的关系有助于学生个体自由地、快活地、自信地学习与活动；不良的学生之间的关系则会使学生个体防御心理加重，随之出现忧虑、焦躁等不良情绪，而教师在其中所起的调节作用也是很重要的。因而师生共同创建健康、和谐、融洽、信任的心理环境，将为学生积极情感的形成和发展提供良好的基础和背景，可以促进学生的和谐发展。

三、体育教学环境的优化

（一）体育教学物质环境的优化

1. 开发自然环境为体育教学所用

一般来说，不同地区、不同学校在自然环境上是有差异的，任何学校在自然环境方面都有自己的特点和优势，充分挖掘和利用现有的自然环境优势，最大限度地减少、避免和弥补现有自然环境的不足，才可能推动体育教学环境的整体改观。如山区学校平地面积小，则应建造一些小型多样的运动场地，适当开展登山、越野等体育运动项目；临海、临湖则可多开展一些水上运动；北方多冰雪，则可多开展水上或冰上运动。

重视体育教学自然环境，还应当有计划地建造风雨操场、室内练习馆，以减少风雨、阳光对体育教学的影响。要提高自然环境保护意识，可在户外体育场地旁多种植树木和绿草，因为绿色植物不仅能吸收、过滤有害物质，净化空气、改善空气质量，减少体育场所的大气污染，而且还能降低噪声污染，起到遮挡阳光、散热及挡风的作用，从而为师生创造一个令人心旷神怡的自然环境。

教师还可以根据自然环境的变化,灵活机动地选择体育教学的内容、方法、组织形式。如夏天较热,可降低练习要求及难度,改变运动形式,尽量避开在过冷或过热的环境中锻炼。注重以人为本,而不是一味要求学生“夏练三伏,冬练三九”,使学生真正热爱体育,充分享受体育学习。

2.加大经费投入,完善体育教学设施

体育设施、器械、场地等体育教学硬件环境是使高校体育教学得以顺利实施的重要保障,也是中国高校体育教学存在差异的一个主要因素。为了改善这种状况,人们就需要增加体育教学经费的投入。政府要在坚持区域教育均衡发展的基础上,给予各院校体育教学独立发展的空间,使其能够根据院校本身的实际情况来自由发展本院校的体育教学事业,并在对体育教育经费的分配过程中,努力做到分配主体的均衡、合理、公平。同时还要鼓励院校通过引进外资、校企结合等多种形式来筹措体育教育资金,并给予一定的政策支持。学校要在各级政府的领导下,不断拓宽体育教学经费的来源,通过实行校企联合、场馆运营等形式来多方筹措体育教学经费,加大体育设施、场地建设力度,对陈旧、破损的体育器械进行必要的维修和更新换代。教师和学生要通过对体育教学设计的优化来提高对现有硬件体育教学环境的利用率,使现有体育教学硬件元素的功能得以充分发挥,还要充分发挥自身的创造力和想象力,通过自制体育器材来改善体育硬件环境不完善的现状。

3.优化体育教学设施,定期维护、清洁

显而易见,符合教学规律的、符合学生身心发展规律的多种体育教学设施的设置、安排不仅会促进体育教学,使学生的心理、生理产生变化,而且也是培养学生拥有健康的体魄、健全的人格、养成终身体育锻炼习惯的有力支柱。例如,体育课堂场地器材的布置可以给学生直观的感受,如果体育场地布置整洁、器材齐备、场地上线条美观清晰、环境井然有序,则可激发学生的学习兴趣而使他们跃跃欲试，但如果运动场地上的排球网、篮球网、羽毛球网破破烂烂，则将大幅降低学生练习的兴趣。又如在游泳教学中，完善辅助器材、救护器材，不仅能使初学者克服恐惧心理，产生安全感，并较快地掌握游泳技术，而且还可起到保护学生、加强安全防护的作用。

另外，体育器材长期使用，会出现磨损、老化、螺丝松动、安装不牢固等现象，存在不同程度上的安全隐患，还有的运动场地年久失修，地面坑坑洼洼，学生易发生关节扭伤、肌肉韧带拉伤等事故。因此，学校应该优化、美化场地设施、器材设备，定期检查、维修、保养体育场地器材设备，同时，教师在课前应对体育器材、场地进行合理布置及严格检查，消除事故隐患，防患于未然。

学校体育场地和设施的维护主要是依靠建立体育场地使用制度来实现，如不能穿可能损坏场地的鞋进入场地，不能进行可能损坏场地和设施的运动等。维护要体现安全的要求，要最大限度地避免环境对学生身体的伤害和对健康的不利影响，要让所有体育教学的场所和设施都不存在安全隐患，要对其进行经常的检查和清理，如捡净运动场上的砖头、石块，检查运动器械是否松动等。

人们必须认真对待体育设施和器具的卫生问题，如将体育教学设施打扫干净、游泳池经常换水和消毒等。学校体育场地和设施的清洁主要是依靠日常的清洁值班制度，可以让学生在课后进行体育场地和设施的清洁工作，融卫生和教育于一体。另外，便利和足够的清洁工具也是搞好体育场地和设施清洁工作的重要因素。

（二）体育教学制度环境的优化

1.建立合理明确的教学制度

营造一个良好的体育教学制度环境是取得良好教学效果的保证，体育课堂如果没有良好的教学制度保障，每个学生都各行其是，课堂就会变得一片混乱，无法进行有效的学习，甚至出现课堂失控的现象，见表2-1。

表2-1 构成体育教学制度环境的各种规定与制度

制度	内容规范
师生关系制度	向教师问好以及师生互相问候的用语规定、姿态规定、教师不得体罚学生的规定、教师不得辱骂学生的规定
考勤制度	课前点名制度、请假制度、对无故缺勤的处罚规定等
上课服装规定	必须穿运动服装上课、必须穿运动鞋上课、不得佩戴危险物品等
教师课中行为规定	服装规定、语言规定、行为举止规定、安全责任规定等
学生课中行为规定	不得打闹、不得在场地中乱跑、不得大声喧哗、不得使用不文明语言等
保障安全规定	体操练习必须在他人保护下进行、不得在游泳池边跳水和跑动、不得任意穿越跑道等
集体学习制度	要服从班集体和小组集体的决定、要完成小组交给的工作、要服从干部的领导,要积极参加集体的活动等
使用场地器材规定	不得故意损坏器材、严格执行课后收拾体育器材的规定、轮流清洁场地和器材制度等

2.建立正确的舆论与规范

舆论与规范可以形成群体压力,对学生的心理和行为产生极大的影响。在群体的压力下,成员有可能放弃自己的意见而采取与大多数一致的行为,即从众。正确的舆论与规范促使人积极向上并做出有益的行为,而不健康的舆论和规范则诱迫人产生有害的行为。因此,要想形成良好的体育教学的制度环境,体育教师必须注意在班级中形成良好的舆论与规范。

一方面,体育教师要考虑舆论与规范对群体成员的适应性,争取班级中大多数成员的意见,尽量使群体舆论和规范与成员的个人价值趋同;另一方面,还要考虑群体舆论和规范与社会规范的一致性,使每个学生都能正确地处理自己与群体的关系。在教学中,体育教师还要注意结合体育教学内容的特点,随时对班级舆论与规范进行正面引导和培养。

3.严肃执行体育教学常规

严肃、有意义和仪式性很强的体育课堂教学常规会调动学生的积极性,并能使学生尊重课堂、尊重老师、快速进入上课状态。因此,在体育课上课之前,应特别强调体育委员集合整队时口令的规范及师生相互问好的精、气、神。在一些对礼仪要求较强的项目教学中,体育课教学常规还应随项目特点有所变化。例如,在武术、跆拳道项目的教学中,师生问好的方式、学生之间的交往方式等都应体现武术、跆拳道项目的特殊要求。

4.灵活创编运动规则

运动规则是体育教学活动特有的行为规范。在具体的动作技术练习过程中,遵守规则与遵守课堂纪律合二为一。因此,体育教师应发挥自己的聪明才智,以充分调动学生的练习兴趣为出发点,对一些运动项目的规则进行适当改编,以此来达到促进学生积极练习的目的。例如,在跳远教学及比赛中,针对学生身体素质存在个体性差异的现状,要尽可能地调动每位学生参与练习及比赛的积极性,教师可以采用"起点不同"的"目标跳远"的教学与比赛方法,力求使每位学生都可以达到与自身条件相符的目标。

(三)体育教学心理环境的优化

优化体育教学心理环境,就是体育教师根据体育教学目标和对学生心理特点的了解,通过把握和调整自己的教学行为,来优化体育教学中各因素之间的关系,使学生产生积极的心理状态和体育学习行为,以便营造体育教学气氛的过程。

体育教师对自己的教学行为调整是优化体育教学心理环境过程中的操作变量,在这一变量的作用下,发生了师生之间、学生与学生之间的互动关系,这种互动关系的结果就形成了积极健康的体育教学心理环境。在教师主导作用下营造的积极健康的体育教学心理环境,既包含教师自身的因素,也包括学生的因素,它相对于学生原有的心理环境来说是一种新的外在环境,学生在这种外在环境的作用下产生了新的内在心理环境。而正是这种学生的内在心理环境持续反复地发生,使学生的心理结构得到了重组和优化,塑造了学生良好的心理品质。

在体育教学过程中，运用心理学原理，以良好的师生关系为核心，以情感沟通为桥梁，自觉贯彻心理教育的原则，是营造积极健康的体育教学心理环境的基本途径。

1.创造良好的风气

在学校中，良好的体育风气的形成，并非一朝一夕的事情。要形成持久而稳定的体育文化风气，有赖于高等学校教育者的精心设计。

①争取和依靠学校领导的支持，这是做好学校体育工作，创建良好传统体育风气的组织和保证。凡是体育工作开展得较好，并形成良好体育传统与风气的学校，无一例外的都是学校领导高度重视体育，在认识上到位，并在制度措施上得到很好的落实。

②加强体育教师素质水平的提高。体育教师是学校体育工作的组织者和实施者，是做好体育工作的关键，体育教师的精神面貌和行为方式以及教学水平对学生的影响是持久而深刻的，对学生的体育兴趣、爱好的培养及能否养成锻炼习惯至关重要。所以，在学校体育风气的形成过程中，教师起着决定性的作用，只有提高教师的素质水平，切实做好教书育人的工作，才能促进学校体育风气的形成与发展。

③加强舆论宣传，培养学生对体育的自觉意识。可通过广播、校园网等媒介，以及举办体育节、体育周、体育日、体育知识讲座、观摩体育比赛、体育知识竞赛等方式，使学生了解体育，认识体育的价值，培养学生人人爱运动、个个求健康，把锻炼身体作为日常生活习惯的良好品德。

2.构建新型和谐的师生关系

感人心者，莫过乎情。寓情于教、以情动人是教学中体育教师经常采用的教学方法之一。体育教学是教师教、学生学的双向活动，也是师生之间进行情感、兴趣、能力的交流过程。爱是建立和谐师生关系的桥梁，只有师生关系处在关爱、平等的和谐氛围之中，学生才能更好地投入学习中。在教学中要形成和谐的师生关系，就必须采用多种方法进行交流，如在教学中善于运用表扬和批评的手段,经常和学生谈心,体贴和关爱学生。同时,要充分发挥体育教学中直观情感的优势,如合理运用形体语言。形体语言在建立和谐的师生关系中有着重要的作用,眼睛是心灵的窗口,眼神的运用可以使师生在无声的交流中达到"心有灵犀一点通"的境界,是建立和维持和谐的师生关系的纽带。手势既可以传递思想,又可以表达感情,可以增加教师有声语言的说服力和感染力。教师只有情绪饱满、和蔼可亲,才会给学生一种自然、随和的感觉,有助于培养学生积极、愉快的心情,有利于学生更好地参与体育课程。只有建立起一种新型的、相互尊重、平等的师生关系,才能建立起一种长久而和谐的师生情感,学生才能够自觉而愉快地接受教师的教学,才能够激发学生自觉学习、乐于学习的愿望,从而达到使他们热爱体育、追求体育目标、全面健身发展的目的。

3.提升传统的学生关系

体育教学环境同样会对学生的人际交往产生一定的影响。教师和学生之间,学生与学生之间的关系,这些人际关系交织在一起,形成了教育环境的人际关系,它影响着师生的情绪和认知行为。建立良好的人际关系,有利于促进学生体育能力的发展以及体育意识的提高,有效地提高体育教学的质量。

另外,由于体育固有的竞技性,"竞争"和"挑战"在体育教学中让每一位学生都充满激情。每周数节体育课,学生会经历多次挑战与竞争,有个体的,有集体的。如何鼓励学生永不言败,如何帮助学生形成互帮互助、互相勉励的意识,形成团队精神,是体育教师在每一节体育课教学中都应重视的问题。另外,小组合作是体育教学中常用的组织方式。作为体育教师,可以巧妙地利用这种组织形式,在体育教学中既培养学生的合作意识、合作能力,又培养学生的拼搏精神。

4.营造团结紧张而严肃活泼的体育课堂氛围

体育课堂氛围是体育教学心理环境的重要组成部分,学生对体育的兴趣、爱好、动机等总是在一定的体育课堂情景和氛围中产生的。要充分利用其积极的个性品质和教学风格去创造良好的班集体氛围。体育教师是教学心理气氛中最有影响力的渲染者,良好的体育课堂氛围一旦形成,往往具有很强的感染力,可以催人奋进。因此,营造宽松、和谐、民主的体育课堂氛围对实现体育教学目标具有非常重要的意义,可以采用以下对策:

①教师要注意培养学生主动参与体育学习的意识,学生只有主动参与课堂学习,才有可能营造出积极的课堂氛围。

②教师在体育教学过程中要能够做到眼观六路、耳听八方,善于把握各种稍纵即逝的积极的即时情境,并能够充分利用它们来调节和改善课堂教学氛围,提高课堂教学的环境质量,同时也要注意及时合理地处理好教学过程中出现的各种消极的偶发事件,以防止这些消极事件干扰正常教学氛围。

③要注重体育教学活动中的人际情感交流,使教师与学生、学生与学生之间产生情感共鸣。教学中教师要关爱学生、主动帮助学生,以激发学生积极主动学习,形成教师与学生互相激励、互相鼓舞的良好情感氛围。

④教师要转变角色,改变过去那种"我讲你听,我说你做"的居高临下式的角色,鼓励学生大胆质疑、大胆求异、大胆创新,积极创设一种"不唯上,只唯真"的平等、民主的课堂学习氛围。此外,体育教师还要引导和鼓励学生之间的合作与交往,并且为学生之间的交往创造机会。

第二节 体育教学的课程资源

一、体育课程资源简介

(一)体育课程资源的含义

1.课程资源

课程资源的英文原文是curriculum resource,国际课程百科全书作为词条进行收录的,并由国际著名课程理论家泰勒(Tyler)撰写。课程资源是指寻求目标,选用教学活动,组织教学及制定评估方案过程中多种可利用的资源。泰勒的这种表述有利于教育工作者在清楚理解课程、教学概念的基础上,有意识地开发、利用课程资源。

中国学者吴刚平和徐继承等,在参照国际百科全书的相关词条的基础上结合中国实际情况对课程资源的概念做了研究和探讨。徐继承认为,课程资源是课程设计、实施和评价等整个课程编制过程中可资利用的一切人力、物力以及自然资源的总和,包括教材及学校、家庭和社会中所有有助于提高学生素质的各种资源。课程资源既是知识、信息和经验的载体,也是课程实施的媒介。[①]吴刚平认为,课程资源的概念有广义与狭义之分,广义的课程资源指有利于实现课程目标的各种因素,狭义的课程资源仅指形成课程资源的直接因素的来源。[②]

虽然每位专家对课程资源的描述不尽相同,但总的来说,包括两个方面:第一,课程资源是课程的来源,课程实施的支撑条件;第二,它体现了为实现课程目标,需经过不断地筛选、评价、加工才能进入课堂。

2.体育课程资源

体育课程资源是由人、材料、工具、设施、活动等五种要素构成的,这些要素有些是自然环境和社会环境中本身具有的、可直接加以利用的资源,有些是为达成一定的教育或教学目的而特地设计出来的资源,如国家体育工作管理者、体育专家、教师、学生体育思想观念,体育课程内容,体育教法、学法,体育活动的组织形式,体育场地、器材的形态、功能、大小、用途,体育教学组织方法等构成了极为丰富的、可为体育课程发展所用的资源形态。不同的民族、不同的学校、不同的家庭、不同的社区就会有不同的体育课程资源。

体育课程资源的范围虽然很广,但是只有可以引入体育课程领域的资

---

① 徐继存,段兆兵,陈琼.论课程资源及其开发与利用[J].学科教育,2002(2).

② 吴刚平.课程资源的开发与利用[J].全球教育展望,2001(8).

源才是现实的体育课程资源,体育课程资源既是知识、信息和经验的载体,也是课程实施的媒介。体育课程资源是多质的。每一种体育课程资源的功能和作用是不一样的,也是丰富多彩的,就是同一种体育课程资源在不同的体育教师面前,其性质和功能是不一样的,所起的作用也是不一样的。

(二)体育课程资源的分类

1.素材性体育课程资源和条件性体育课程资源

按照体育课程资源的功能特点,可以把体育课程资源划分为素材性体育课程资源和条件性体育课程资源两大类。

素材性体育课程资源是指凡是可能成为体育课程来源的知识,如体育理论知识,各种球类的技、战术,体育教学组织方法、练习方法,体育经验、体育活动方式与方法,各运动队合作意识、凝聚力、团队精神,情感与价值观等各方面的因素,都属于素材性体育课程资源。

条件性体育课程资源是指为实现体育课程目标而具备的条件。它的特点是作用于体育课程却并不是形成体育课程本身的直接来源,但它在很大程度上决定体育课程的实施范围和水平。比如,国家体育工作行政人员、体育课程研究人员、体育教师、学校体育设施、学校周围的环境等都属于条件性体育课程资源。当然,把体育课程资源划分为素材性课程资源和条件性课程资源更多的是为了说明问题的方便,两者并没有绝对的界线。现实中的许多体育课程资源往往既包含着体育课程的素材,也包含着体育课程的条件,如操场、人力和环境等资源。

2.校内体育课程资源和校外体育课程资源

按照体育课程资源空间来源可分为校内体育课程资源和校外体育课程资源。

校内体育课程资源包括校内人力资源,如体育教师、学生、班级、学校体育代表队、班级内部、班级之间的体育比赛等;校内各种体育设施、器材,如体育馆、田径场、篮球场、体操房、体操垫、栏架、钉鞋,各种球类等。

校外体育课程资源包括学生的家庭体育价值观、锻炼行为，社区的体育设施、体育比赛，整个社会中各种可用于体育教学活动的设施和条件以及丰富的自然资源等。无论是校内体育课程资源还是校外体育课程资源，对于体育课程的实施而言都是非常重要的，但它们在性质上还是有所区别的。校内体育课程资源是实现课程目标，促进学生全面发展最基本、最便利的资源。因此，校内体育课程资源应该占据重要地位，校外体育课程资源则更多地起到一种辅助作用。正如美国课程理论专家泰勒所说："要最大限度地利用学校的资源，加强校外课程，帮助学生与学校以外的环境打交道。"因此，人们应该重视建立校内外体育课程资源的转化机制，一方面学校要善于合理挖掘和运用社区及其他兄弟学校的体育课程资源，另一方面校内体育课程资源也可以向社区和其他学校辐射。

3.体育思想资源、体育人力资源和体育物力资源

体育课程资源按照物质与非物质可分为体育思想资源、体育人力资源和体育物力资源。

体育思想资源主要是指有可能参与体育课程活动的各类人员的思想，如国家和政府的体育行政管理工作人员，学校体育管理人员的思想，体育教师、学生、学生家长、社区人员的体育思想，体育行为，体育价值观。

体育人力资源是指体育课程活动组织所拥有的劳动的总能量，包括体育人力资源开发系统。

体育物力资源包括体育课程的教材、学校的体育场地器材设施等。

4.显性体育课程资源和隐性体育课程资源

体育课程资源按照表现形式可分为显性体育课程资源和隐性体育课程资源。

显性体育课程资源是指那些看得见摸得着、可以直接运用于体育教学活动的体育课程资源，如体育教材、计算机网络、山、水、空气，阳光等自然和社会中的实物、活动等。作为实实在在的实物物质存在，显性体育课程资源可以直接成为体育课程教学的便捷手段或内容，相对易于开发和利用。

隐性体育课程资源是指以潜在的方式对体育课程教学活动施加影响的体育课程资源，如体育民族精神、协作的团队精神、体育活动中表现出来的凝聚力、师生关系等。与体育显性课程资源不同，体育隐性课程资源的作用具有间接性和隐蔽性的特点，它们不能构成对体育课程教学的直接影响。所以，体育隐性资源的开发需要付出更艰辛的努力。

(三)体育课程资源的特征

1.多样性

体育课程资源是形成体育课程的因素与必要而直接的实施条件，其存在形式是多种多样的，就素材性体育课程资源而言，就有体育知识、体育技能、体育比赛、健身价值观、体育经验、通过比赛或交流而建立的深厚的友谊等；就条件性体育课程资源而言，有体育场地、体育器材、网络资源、学生、教师、其他有关人员。

2.差异性

不同地区、文化传统、不同经济条件的学校，体育课程资源又呈现出差异性。不同地区，其可开发的资源是不同的。例如，山区学校可以开设爬山、攀岩、定向越野等项目；海边可以开设游泳、冲浪、帆板、沙滩排球赛等；沙漠地带可以开设滑沙等项目。文化传统不同的地区可开设的体育传统项目也不一样，如朝鲜族可开设荡秋千项目，蒙古族可开设摔跤、骑马等项目，南方地区可开设赛龙舟项目，北方地区可开设滑冰、冰球等特色项目。经济条件好的学校可开设网球、保龄球等项目。

3.多质性

同一资源对不同课程有不同的用途和价值。同样道理，同一体育课程资源对于不同的体育课程实施的具体要求，具有不同的用途和价值。例如，同样一个NBA篮球赛的视频既可用来欣赏体育比赛，又可以用来讲解篮球战术,也可以用来进行团队精神的教育。同样是学校附近的一座山,人们既可以爬山,又可以定向越野,也可以利用山上的树荡秋千。这种多质性要求人们善于发掘体育课程资源的多种利用价值,使体育课程资源的潜在价值得以充分发挥。在体育教学经费紧张,一些硬件配套设施缺乏的情况下,学校可以通过提高教师的课程资源意识,充分挖掘和利用同一课程资源的多重教育、教学价值,实现现有课程资源的最大价值。

4.间接性

体育课程资源虽然存在于现实的事物当中,但是它需要通过转化才能成为体育课程或支持课程实施的条件。因此,体育课程资源具有间接性的特征,其教育性不像正式的体育课程那么明显、直接。体育知识、技能、经验、培养目标等首先需要筛选,以确定其教育教学价值,然后经过教育学和心理学的加工、整合才能成为现实的学校体育课程。

(四)体育课程内容资源开发的目标

课程的价值在于促进学生的知识、能力、态度及情感的和谐发展。施良方认为,课程的变革,从某种意义上来说,不仅是变革教学内容和方法,而且也是变革人。学生是课程改革的出发点和归宿,因为教育的根本目的和功能是促进人的成长与发展,学校的一切工作,最终都是为了促进人的发展,为人的发展服务。从这一点上来说,体育课程内容资源开发的总目标与体育课程的目标应该是一致的,即通过体育课程内容资源开发,培养学生的运动兴趣和运动能力,促进学生身体、心理健康水平和社会适应能力的发展。具体而言,体育课程内容资源的开发要实现以下四个目标。

1.满足学生体育需要,促进学生发展

体育课程内容资源开发的首要目标就是要满足学生的体育需要,促进学生的发展。就学生个体而言,不同年龄、性别及不同地区的学生,由于各自的教育背景不同,其身心发展的水平如身高、体重、运动能力、对运动的兴趣、爱好、态度、社会交往能力等是有很大差异的。例如,有人曾对上海市学

生的运动兴趣进行了调查，发现学生最感兴趣的运动项目前三项皆为球类——篮球、羽毛球、足球。姚蕾曾对体育隐蔽课程的设计等问题进行了研究，她认为，不同的学生对体育场地、器材设备的需求是不同的，而要想取得好的教学效果，必须事先布置和采用最适合学生需求的教具或器材。①

体育课程内容资源的开发必须以满足不同学生的体育需要为前提，否则便不能被学生接受。另一方面，学生在体育方面需要学习的知识很多，远非体育课程所能包揽，因而必须在可能的体育课程内容资源范围内，在考虑开发成本的前提下突出重点，精心选择那些对学生终身发展具有决定意义的体育课程内容资源，使之优先得到开发。

教师要通过体育课程内容资源的开发，使学生由被动地学向主动参与、主动探索转变，从而真正学会学习。为学生提供丰富的、多姿多彩的体育课程内容资源，重在不断培养学生独立学习的意识、习惯和能力。体育教师要充分利用体育课程内容资源开发过程中的各种有利因素，提高学生探索问题、分析问题、解决问题以及合作学习等方面的能力，使他们能够创造性地利用各种体育课程内容资源，为自身的体育学习和实践及其他探索性活动服务。

2.提高体育教师开发体育课程内容资源的认识和能力

体育课程内容资源开发的另一个重要目标是树立体育教师新的体育课程内容资源观，并不断提高其开发体育课程内容资源的能力。体育教师对体育课程内容资源开发的认识和理解，直接关系到他们开发体育课程内容资源的主动性和积极性，也在很大程度上影响着开发的质量和效果。因此，学校必须通过体育课程内容资源的开发，使体育教师对体育课程内容资源的认识不断深化，逐步树立新的课程资源观。

体育教师开发体育课程内容资源的能力也是影响开发效果的关键因素之一。对绝大多数体育教师来说，怎样开发体育课程内容资源是一个全新

---

① 姚蕾.体育隐蔽课程的设计[J].北京体育大学学报，2010(02).

的课题。学校通过体育课程内容资源开发,促使体育教师不断学习现代教育思想和教育技术,学习体育课程内容资源开发的各种方法与技术,并学会从实践中总结各种经验教训,注重分享其他教师的各种经验和成果,使他们的专业水平在实践中不断提高。

3.丰富体育课程内容体系

体育课程内容,从内涵上来说应该是非常丰富的。但在相当长的一段时间内,体育课程内容被限定在体育教学大纲和体育教材所规定的范围,其他内容如各种新兴运动项目、学生的经验等一般是不会成为体育课程内容的。新课程改革就是要改变这种局面。体育课程内容资源的开发,也要将丰富体育课程内容体系作为一项基本任务。

体育课程内容资源的丰富性和多样性特点,为人们的开发提供了前提条件。教师要努力通过体育学科专家、体育教师、学生等多个主体以及国家、地方和学校多个层面全方位、多角度地进行体育课程内容资源的开发,使各种新颖有趣、适应性强的体育课程内容资源不断转化为体育课程内容,使体育课程内容的范围在原有的基础上不断拓展、不断丰富,逐步形成具有中国特色的体育课程内容体系,使拓宽后的体育课程内容能够为学生选择学习、发展个性提供更加广阔的空间,为实施素质教育、提高体育课程教学的质量和效果打下坚实的基础。

4.形成学校体育课程特色,提高新体育课程标准的适切性

致力于形成各个学校的体育课程特色,以提高新体育课程标准对每个学校的适切程度,也是体育课程内容资源开发的重要目标。每所学校由于学校性质、办学条件和教育理念、学生的发展基础等实际情况不同,其拥有的体育课程内容资源的数量、性质和具体结构等也是不同的。因此,不要一味追求体育课程内容资源的统一性,应保持不同地区间学校的体育课程内容资源的丰富多样性,把各个学校所拥有的不同体育课程内容资源,变成特色资源来开发。只有形成特色,才能使体育课程内容资源开发具有旺盛的生命力。

二、体育课程资源开发与利用的范围

一般来说，体育课程内容主要包含了知识、经验和身体练习三个要素。知识、经验和身体练习三个要素的来源——知识资源、经验资源、身体练习资源便构成了体育课程内容资源的基本结构。这里对体育课程内容资源开发的研究主要是围绕着这三个方面来展开。

（一）知识资源

1.知识的概念

自古以来，知识与教育就有着密切的内在联系。一方面，知识的传播、选择、分配以及发展等都离不开教育活动；另一方面，知识又构成了教育的重要内容，离开了知识，教育的一切活动就无法正常开展。知识也是日常生活中人们谈论最多的话题之一，但人们对于什么是知识却无法达成一致。不同的学科对知识的理解和解释是不同的，从哲学的范畴来解释，知识是客观事物的属性与联系的反映，是客观世界在人脑中的主观印象。从社会学的范畴来看，知识是在人类文明进程中，一切创造工具和结果。心理学对知识给予了新的解释，如美国教育学家布卢姆在《教育目标分类学》中将知识定义为“对事物和普遍原理的回忆，对方法和过程的回忆”等。上述知识观，各自的侧重点各不相同，前两种泛指人类的知识，最后一种则侧重于个体的知识。

完整的知识应当包括人类的知识和个体的知识，人们可以从广义和狭义的角度来理解。广义的知识是指人类认识客观世界及其自然实践经验的总结，它可以通过语言文字、各种媒体长期保存；而狭义的知识则是指个体通过与客观外界环境相互作用所获得的各种信息及技能。在本书中所使用的主要是广义的知识概念，而对狭义的知识概念将作为个体的经验来进行讨论。

2.知识的类型

从不同的角度，知识可以被划分为多种类型。例如，按照学科领域，可以将知识划分为哲学知识、自然科学知识、社会科学知识和数学知识；按照知识的载体形式可以将知识划分为显性知识和隐性知识。经合组织将知识分为四大类:知道是什么即知事(又称事实知识)、知道为什么即知因(又称原理知识)、知道怎样做即知窍(又称技能知识)和知道谁有知识即知人(又称人力知识)。其中前两类知识即事实知识和原理知识是可以表述出来的知识,也叫作显性知识,而后两类知识即技能知识和人力知识则难以用文字来明确表述,称为隐性知识;根据知识的作用和功能还可以将知识分为实用知识、学术知识、闲谈与消遣知识、精神知识。现代认知心理学的理论则从学习的角度将知识分为陈述性知识、程序性知识和策略性知识。

对于进入学校课程的知识而言,如果按照知识的内在要素,可以将其分为认知性知识、道德性知识、审美性知识、健身性知识和劳动技术性知识。根据人类认识的对象,又可以将知识分为自然知识、社会知识和人文知识等。这些内容主要包括各门科学的基本事实、基本概念、基本原理或基本理论等方面的基本知识。这里所说的知识,主要是指与体育课程有关的体育、运动及健康等方面的理论知识。

3.知识资源的结构

由于体育课程内容的知识资源主要来源于体育学科的知识体系,因此体育课程内容知识资源的结构与体育科学体系的结构有着非常紧密的联系。

关于体育科学体系结构,当前主要有五种不同观点:一是认为体育科学体系由体育社会科学学科、基础学科和运动学学科三大部分组成;二是认为体育科学体系可分为自然科学类、人文科学类和管理科学类;三是认为体育科学体系是研究人体运动规律的科学,它研究的是体育科学、工作、人及其关系,因此可以根据体育科学研究的对象来划分体育科学体系的结构;四是认为体育科学体系可以分为体育基础学科、体育技术学科和体育应用学科三大类;五是将上述方法结合起来进行分类等。尽管没有较为一致的观点,但比较明确的是,体育学科所覆盖的范围基本上包括了社会、自然、人文、管理以及体育运动的专项技术等方面的内容。从体育课程的特点来看,其内容所涉及的主要是体育、运动和健康等方面的知识,而这些知识中又不同侧面、不同程度地涉及体育与健康方面的科学、社会和人文等方面的知识。为了便于理论研究与实践运用,这里认为可以将体育课程内容知识资源分为三大类,即体育基本理论知识资源、运动项目知识资源和健康知识资源。

(1)体育基本理论知识资源

体育基本理论知识资源主要涉及体育的一些基本原理方面的知识,其主要来源于体育人文和社会学方面的学科知识,如体育概论、体育史、体育文化学、体育经济学、体育法学、体育伦理学、体育美学、社会体育学、体育心理学、体育管理学、学校体育学、奥林匹克运动、比较体育学、体育人才学以及体育情报学等学科。具体包括体育的起源、概念、目的、意义、功能,体育的发展历史,体育的手段、内容、方法,体育与社会发展的关系,体育与人的发展的关系,体育锻炼的基本原理,奥林匹克运动以及国际体育组织等内容。

(2)运动项目知识资源

运动项目知识资源主要涉及各个运动项目的基本理论知识,如各运动项目的运动技术、战术原理、术语、概念、场地器材、比赛规则、裁判方法、竞赛组织方法、训练方法等,其主要来源于各个专项技术学科的知识如田径、体操、篮球、体育舞蹈、冰雪运动、游泳、武术、龙舟等以及一些体育自然科学学科的知识,如运动生物力学、运动生物化学等。由于运动项目数量庞大,这方面的知识资源非常丰富。

(3)健康知识资源

体育课程所涉及的健康知识主要有三个基本来源:一是体育自然科学学科方面的知识,如运动解剖学、运动生理学、运动保健学、学校卫生学、体育测量与评价等;二是医学学科方面的知识,如卫生学、保健学、营养学、体质测量与评价学、中医学等;三是心理学方面的知识。根据20世纪80年代世界卫生组织对健康的定义:“健康不仅是没有疾病,而且包括身体健康、心理健康、社会适应良好和道德健康……”又可以将健康知识分为身体健康知识、心理健康知识、社会适应知识和道德健康知识。

除了上述知识资源外，体育课程内容的知识资源还包括其他学科的知识，如语文学科知识、数学学科知识、艺术学科知识、科学学科知识等。

（二）经验资源

1.经验的概念

每个个体在成长的过程中总是不断地接受外部环境的刺激，并体验外部事物，形成经验。经验是个体与外部世界交流的重要手段，不仅反映人们在某一时间、某一范围内的活动历程与内心体验，而且由于人类有思维，懂得利用事物之间的联系，经验往往又成为人们进一步采取行动的思想基础。因此，经验在人的成长过程中具有非常重要的作用和意义。

经验在中文里至少有三个方面的含义：第一，作为动词，是指经历，即亲身体验的过程；第二，作为名词，泛指由实践得来的知识或技能，与广义的“知识”概念是相通的；第三，作为哲学名词，通常指感觉经验，即感性认识。在英文里，经验同样也具有两种含义：一是名词，指经验、体验、经历、阅历等；二是动词，指经历、体验、感受、遭受等。由此可见，经验一词在中、英文里都有动词和名词两种用法。但与中文不同的是，首先，英文的经验在作名词使用时，其含义主要突出个体的色彩，即特指通过个体活动获得的结果，而没有中文中“泛指由实践得来的知识或技能”这样的含义；其次，英文中经验作为动词使用非常普遍，尤其突出并强调个人的亲身、直接的体验过程，有个人主观体验过程在内的含义。

这里所使用的经验包括了两个方面的含义，一是指学生个体通过与客观外界环境相互作用最终所获得的知识与技能；二则是指学生个体通过体验、感受、获得、占有知识的过程。

2.经验资源的结构

学生经验的获得与生活环境，即自然环境和社会环境是密不可分的。在社会环境中，家庭、社区和学校对学生经验的形成有着非常重要的影响。体育课程所涉及的学生经验资源大致包括学生的家庭生活经验资源、社区生活经验资源和学校生活经验资源三个方面。

(1)家庭生活经验资源

家庭是社会的“细胞”,对学生的成长起着非常独特的作用。在家庭中,父母与子女的关系构成了家庭教育的逻辑起点。家庭生活的点点滴滴,无时无刻不影响着学生的人生观、价值观以及各种经验的形成。家庭生活经验是学校生活的重要基础,一方面儿童在入学前所受到的家庭教育是进入学校是必需的;另一方面,入学后的儿童仍然还是家庭成员,必须继续接受家庭教育,家庭生活的经验将持续不断地对学生的学校生活产生影响。学生的家庭生活经验是多方面的,而与体育课程有关的主要表现在以下三个方面。

第一,家庭游戏、娱乐及运动设备使用经验。学生的家庭游戏、娱乐及运动设备主要有计算机、视听设备(如电视机、影碟机)、照相机、乐器、各种玩具、运动器材(如篮球、羽毛球、足球、飞镖、滑冰鞋、滑板、健身器、跳绳)等。不同家庭背景如经济条件好的家庭和经济条件差的家庭,学生在拥有这些游戏、娱乐及运动设备的数量、种类等方面都是不同的,这也就决定了他们在使用这些设备经验上的差异性。在学校,具有使用过这些设备经验的学生比那些没有使用过这些设备经验的学生在从事相同或相近的游戏、娱乐及运动等活动时,他们能够更快地进入学习状态,并能够很好地掌握学习的内容。

第二,学生个人游戏、娱乐及运动活动经验。学生在家庭中有自己相对独立的时间和空间,在这个相对独立的时空中,学生有时会独立地进行各种各样游戏、娱乐和运动等活动,如一个人看电视、玩游戏、打篮球等。特别是独生子女,他们可能拥有更多独立的时间和空间。

对于学生而言,一定的个人游戏、娱乐及运动经验是必需的,这对帮助他们养成在游戏、娱乐及运动等活动中独立思考、独立操作等方面的能力具有积极意义。但另一方面,学生所具有的个人游戏、娱乐及运动经验有时会使得他们在一些集体活动中变得茫然不知所措。特别是在体育课中,大多数时候都需要学生之间相互交流、相互配合来完成各种学习任务,这时他们所拥有这种个人游戏、娱乐及运动经验往往会变成他们完成学习任务的障碍。因此,教师在开发学生的这方面的经验时,一定要注意因势利导。

第三,家庭成员共同游戏、娱乐及运动活动经验。家庭成员共同进行游戏、娱乐、运动等活动是交流感情、活跃家庭气氛的重要形式和手段。随着社会的发展和人们物质生活水平的不断提高,游戏、娱乐、休闲、运动等活动也逐渐成为家庭业余生活的主要内容。学生在与各个家庭成员共同参与游戏、娱乐、休闲、运动等活动中扮演着不同的角色,也有着不同的体验。在这之中,学生不仅积累了各种游戏、娱乐、运动等活动经验,也获得了与人交往的经验,这些经验对学生来说是非常宝贵的。

(2)社区生活经验资源

社区是指进行一定的社会活动,具有某种互动关系和共同文化维系力的人类群体及其活动区域。社区为人们提供了社会交往的组织空间和活动空间,人们的日常生活大都是在一定的范围内进行的,社区对人的思想观念、行为规范、生存和发展等方面有着重要的影响。社区同时也是学生生活的重要空间,他们在社区的活动是丰富多彩的,具有非常重要的开发价值。可以作为体育课程内容资源开发的学生社区生活经验主要有以下四个方面。

第一,社区娱乐、游戏和运动环境经验。每个社区都有一定的娱乐、游戏和运动环境,其既包括了自然环境如阳光、森林、湖泊等,也包括了娱乐、游戏和运动的物质环境,如体育场馆设施、娱乐活动中心、公园的设施以及运动器材等。这些娱乐、游戏和运动环境对学生娱乐、游戏和运动经验的形成具有重要影响。学生在与这些环境的接触过程中不仅知道了各种环境的功能、特点及使用方法,同时还积累了大量如何适应这些娱乐、游戏和运动环境的经验。

第二,社区娱乐、游戏和运动活动经验。随着社区组织与功能的不断完善,过去“单位”的许多功能逐渐被社区所取代。社区内的游戏、娱乐和运动活动开展得越来越普遍，这使学生有了更多参与社区娱乐、游戏和运动活动的机会。在社区中，他们的体能不断得到增强、运动技能不断得到提高以及心理品质不断得到磨炼。各个社区所开展的娱乐、游戏和运动活动有着各自的特色，这使得不同社区的学生在参与社区游戏、娱乐和运动活动过程中所积累的经验也各具特色。同时，在参与社区游戏、娱乐和运动活动中，学生与社区的其他成员之间是互动的，主要表现在两方面：一是社区的其他成员在游戏、娱乐和运动活动中对学生起着指导作用；二是学生在社区游戏、娱乐和运动活动中也起着骨干作用，有些学生甚至还充当了“小老师”的角色。这个互动的过程对学生游戏、娱乐和运动经验的生成、积累是非常有益的。

同一社区中，年龄相仿的学生往往会在一起开展各种形式的游戏、娱乐和运动活动。在这一过程中，学生之间会相互影响、相互促进、相互提高，并形成较为一致的对体育运动的兴趣、爱好和态度。学生会交流、分享各自运动经验和乐趣，会为了学习一个新的动作而废寝忘食，也会为了某个问题争执不已……但是，他们在这之中所获得的经验却具有极为重要的教育价值。

当前社区的娱乐、游戏和运动活动出现了一些可喜的新动向，如在一些经济条件较好、体育基础比较好的社区，各种各样的社区运动俱乐部开始发展起来，很多学生也参加了俱乐部的训练、比赛等活动。另外，有些社区，利用寒、暑假专门为学生举办各种形式的体育夏(冬)令营活动等。这些新的社区娱乐、游戏和运动形式给学生提供了更多参加社区娱乐、游戏和运动活动的机会。学生参加这些社区娱乐、游戏和运动活动所获得的经验，对体育课程内容资源开发具有很重要的意义。

第三，社区文化活动经验。社区的文化活动是丰富多彩的，如节假日组织的各种文艺表演和比赛，各种民间和地方特色的文化活动，如春节和元宵节的舞龙、舞狮、采莲船、放焰火、灯会，少数民族的节日庆典活动；新疆柯尔克孜族的“叼羊”活动，土家族的对歌等。学生在参加和欣赏这些文化活动的过程中不仅可以了解和学习文化活动的一些技能，还能形成大量社区文化活动的经验,成为开发地方或地域民族特色的体育课程内容资源的重要基础。

第四,社区交往经验。社区人员的构成远比家庭成员的构成要复杂得多,社区内有着各种各样的成员——教师、学生、工人、农民、公务员、医生、律师、企业家、运动员等,他们从事着各种不同的职业,也有着不同的社会背景。学生在社区的日常生活和各种活动中,每天都要和不同的人员进行交往,和社区的成员进行沟通,不断积累各种交往的经验。这些经验不仅为学生在学校生活中的交往奠定了基础,也加速了他们社会化的过程。

(3)学校生活经验资源

学校生活是人生必不可少的重要阶段,学校教育为个体的成长奠定了基础。学校环境和各项活动是按照教育活动的需要为实现育人的目标而组织起来的,因此学校生活本身具有很强的教育意义。对于学生来说,由于学校生活的时间非常长,因此学校生活经验对他们的成长有着重要的意义。可以作为体育课程内容资源开发的学生学校生活经验主要有以下四个方面。

第一,学校娱乐、游戏和运动环境经验。学校娱乐、游戏和运动环境主要包括三个方面:一是学校内的自然环境,如校内的湖泊、山丘、沙滩等;二是学校娱乐、游戏和运动的物质环境,如运动场、运动馆、游泳池、活动中心、各种运动器械等;三是学校娱乐、游戏和运动的制度环境,如学校的传统与风气、学校体育的规章制度、校风和学风等,其是学校精神中最成熟且达成共识的层面。学校的娱乐、游戏和运动环境是学校教育环境的重要组成部分,其本身就是专门为学生而设计、购置、建立的,不仅能够满足学生开展各种娱乐、游戏和运动活动的需求,而且还能使学生受到校园体育运动文化的感染与熏陶。利用这些环境在课内外开展各种娱乐、游戏和运动等活动是学生学校生活的重要内容。反过来,学生所积累的校内娱乐、游戏和运动环境的经验,又可以成为教师实施体育课程的基础。

第二,学校娱乐、游戏和运动活动经验。学生的娱乐、游戏和运动活动经验大部分都是在学校这个特殊的环境中形成的。学生在学校中的娱乐、游戏和运动活动是有目的、有计划的,带有一定的强制性,并体现在学校的作息制度中,如每天的早操、眼保健操、课间操、班级体育锻炼以及每周的体育课等。其对学生娱乐、游戏和运动活动经验的形成以及锻炼习惯的养成都有着非常重要的意义。

在学校内,学生获得娱乐、游戏和运动活动经验的途径主要有体育课堂教学、课外体育锻炼、课外运动竞赛、课外运动训练、运动俱乐部活动、运动会、体育周或体育节、学生个人或小群体自主性娱乐、游戏和运动活动、其他课程和相关的课外活动等。由于学生个体身心发展特点和运动基础的不同,同一学校学生之间所拥有的娱乐、游戏和运动活动经验是有差别的。这就决定了体育教师在开发学生的娱乐、游戏和运动活动经验时必须加以区别对待。

第三,学校体育社团活动经验。学校体育社团是指在校学生自己组织起来开展体育活动的组织。学校体育社团的形式主要有两种:一是运动队,又分为学校、年级和班级几个层次,如学校篮球队、班级足球队等,其主要活动是进行运动训练以及代表学校、年级或班级参加校内外的各种运动竞赛活动;二是校内的运动俱乐部,其主要由校内部分对某个运动活动有共同兴趣的学生组织起来的。

学生参与体育社团活动既可以提高其运动水平,又可以通过社团这个舞台展示自己运动方面的才能,还可以体验成功的快乐和为他人服务的乐趣,感受团体的温暖和力量,并积累大量组织、管理以及开展体育社团活动的经验,而这正是体育课程所需要的珍贵资源。

第四,学校交往经验。学校也是一个“微缩的社会”,但相对于社区而言,学校的人员构成比较单纯,主要包括学生、教师、行政管理人员等,学生在学校内的交往活动主要发生在他们之间。

学生与学生的交往活动无论是课堂内,还是课堂外,在学校时刻发生着,其中既有同班级或同年级学生之间的交往活动,也有不同班级、不同年级学生之间的交往活动。学生之间的交往途径和方式也是多方面的，如课堂内的讨论、对话，课间的交谈、嬉戏和打闹，运动活动中的相互配合等。随着交往经验的积累，学生之间的交往会具有一定的指向性和选择性，如有些高年级的学生会有意识地选择交往的对象，与一部分和自己兴趣相投的同学交往密切，而与另外一些同学则保持距离等。

学生与教师的交往活动主要发生在课堂教学和开展课外活动的过程中。对学生来说，与教师的交往经验是一种非常重要的经验，其意义主要表现在两方面：一是直接影响学生的学习效果。南京师范大学吴康宁教授在《教育社会学》中认为，课堂教学的大部分时间和大部分内容都表现为教师与学生之间的互动，课堂教学的各项任务也主要是通过教师与学生之间的互动来完成的。二是影响学生的身心发展的水平。学生在与教师的交往中，教师的情感状况对学生内在心理活动和外在的行为表现影响很大，教师如果表现出积极、欢迎的态度，会被学生认为是对自己行为的认可，学生可能会产生高兴、欣慰、兴奋等情绪体验，并在行为上表现得更加积极主动；反之亦然。这种体验还将进一步强化或弱化学生与教师的交往活动，并对学生的社会观念、道德观念甚至心理健康等方面都会产生重要影响。因此，学生与教师之间交往的经验便构成了课内外师生互动的基础，缺乏了这个基础，学校的教育活动就无法开展下去。

与一般课程教学中的人际关系相比，体育课程教学中的人际关系显得更复杂、更直接，实践性也更强，而学生的学校交往经验在体育课程的实施中也显得更加重要。体育课程教学由于打破了教室的空间界限，客观上缩短了教师与学生交往以及学生交往的空间距离，使教师与学生及学生的互动更加自由、无拘无束。而且，体育活动本身就非常强调团队精神，强调学生之间和师生之间的相互合作、相互帮助和相互激励，这一方面使学生在体育课程教学中不断体验融洽的人际关系，丰富了学生的交往经验；另一方面则大大提高了学生的社会交往能力。

上述学生的各种经验构成了学生庞大的经验系统，是体育课程内容的重要资源,对体育课程开发有着极为重要的价值。正如前面所提及的,任何课程资源必须经过加工、提炼才能进入课程,经验资源也是如此。不是所有的个体经验都具有积极的教育意义,个体的经验作为资源也必须经过教育学的加工处理后才能成为课程资源的组成部分。

(三)身体练习资源

1.身体练习的概念

动作是人体进行身体活动最基本的结构单位,各种各样的动作构成了人类日常生活的各种活动。通常人们把为了实现体育目的而采取的各种身体行动的内容和方法称为体育手段。在相关的文献中,身体练习也叫“运动动作”“体育动作”或“动作”。一般认为,身体练习是体育手段的各种具体动作,它是人们为了增强体质、娱乐身心或提高运动水平而采用的身体活动内容。身体练习与体育手段有着非常密切的关系,首先,身体练习是体育手段的基本结构要素,即体育手段本质上是由各种具体的身体练习(或运动动作)组成的;其次,某些身体练习的具体动作本身就可以构成一项体育手段,如慢跑,俯卧撑等。所以,身体练习又可以作为狭义的体育手段概念来理解。

身体练习是体育课程的主要内容。与其他文化课不同的是,体育课程学习的结果主要表现在体能的增强、运动技能的掌握和行为态度的改变等方面,而这必须通过学生亲身参与各种运动实践才能实现,这也就决定了体育课程各种教和学的内容,主要由各种形式的身体练习所组成。身体练习资源在体育课程内容资源体系中也占有非常重要的地位,是需要重点开发的体育课程内容资源。

2.身体练习的特点

从宏观的角度而言,身体练习具有四个基本特点:首先,它是由骨作为运动的杠杆、以关节作为运动枢纽、以肌肉(骨骼肌)收缩为运动动力的身体活动;其次,进行身体练习的过程中,伴随着能量消耗由低向高变化;再次,它对体质健康有积极影响；最后，它有明确的目的性。只有那些为了实现体育的目的任务而采用的运动动作才能称作身体练习，这也是身体练习区别于生活动作、劳动动作、艺术动作以及军事动作的主要标志。

而从微观的角度来分析，身体练习又具有以下特征：第一，所有的身体练习都是在一定时间、空间中按照一定的节奏进行的，其运动学和动力学以及综合性特征具体又通过身体姿势、练习轨迹、练习时间、练习速度、练习速率、练习力量和练习节奏等要素表现出来；第二，它需要一定的自然环境和物质环境，如体育场、体育馆、各种运动器材和设备、空地、大海、沙滩等；第三，身体练习有多种表现形态，其既可以由单一运动动作构成，也可以由多个运动动作组合而成，还可以将运动动作与一定的情节、规则、场地等要素相结合构成各种活动性游戏和运动项目等；第四，身体练习中的人员关系也是多种多样的，如单人的身体练习、双(偶)人的身体练习、集体的身体练习，同步的身体练习、非同步的身体练习等。

值得指出的是，每个身体练习所具备的要素特征是不同的，这意味着不管什么样的身体练习，只要变化其中任意一个要素的特征就可以形成一种新的身体练习内容或手段，这为教师开发体育课程的身体练习资源提供了一个全新的思路。

3.身体练习的分类

考虑到体育课程内容资源的特点，为了便于实践中身体练习资源的开发，这里根据身体练习的表现形态，将身体练习划分为单一动作结构的身体练习、组合动作结构的身体练习、活动性游戏和运动项目四大类，每一大类下面又可以根据其他分类标准进行进一步的划分。

这四类身体练习彼此之间有着紧密的联系，但又有各自的特点。单一动作结构的身体练习与组合动作结构的身体练习之间最大的差别在于动作的数量；而单一动作结构的身体练习和组合动作结构的身体练习与活动性游戏和运动项目之间最大的区别在于有无规则要素；活动性游戏与运动项目之间最大的区别在于规则和运动环境的完善程度等。从单一动作结构的身体练习到运动项目,其间包含了由动作数量变化带来的练习难度、技能质量以及运动文化含量的相应变化,运动项目特别是竞技运动项目则处在这一系统的最顶峰,是人类身体活动最完美的表达。

这意味着,各种身体练习之间通过增加或减少相应的要素就可以实现"正向"或"反向"的转换。例如,"篮球原地运球练习"可以看作一个单一动作结构的身体练习,如果加上"跑",就可以变化成一个组合动作结构的身体练习——"行进间运球练习";如果再加入"比赛"的要素,就可以变化成一个活动性游戏——"行进间运球接力"或"运球追逐游戏";在此基础上,如果还加上一些动作如"投篮""传、接球"和规则上的要求,其就变成一个运动项目——"篮球运动"。同样,这个过程是可逆的。这一点对体育课程内容身体练习资源的开发具有非常重要的意义。

4.身体练习资源的结构

(1)单一动作结构的身体练习资源

单一动作结构的身体练习特点是动作简单、环节少、要素单一、时空条件变化小,其主要包括了一些基本的运动动作,如走、跑、跳、投等,它们是构成后三类身体练习——组合动作结构的身体练习、活动性游戏和运动项目的基础。反过来,从资源开发的角度而言,后三类身体练习中的一些单个动作,如篮球运动中的投篮动作、排球中的垫球动作、"叼羊"游戏中的"叼羊"动作等也同样可以作为这一类身体练习资源进行开发。

单一动作结构的身体练习按照活动的空间变化与控制方式的特点可以分为位移性身体练习、非操控性身体练习和操控性身体练习三种。当然,在实践中还可以根据需要采用对每个具体动作做进一步分类,如投的动作,根据动作的技能特点,可以分为推投动作、抛投动作和撇投动作等。

在开发这一类身体练习资源时特别要强调其基础性和系统性。国外的学者在这些方面有很多可以借鉴的经验,如英联邦国家体育专家开发的"教育性体操"和"控制球技术"等。

(2)组合动作结构的身体练习资源

将各种单一动作结构的身体练习组合在一起,便构成了组合动作结构的身体练习。组合动作结构的身体练习具有两个方面的特点:一是动作的数量在两个以上。在一个组合动作结构的身体练习中,所包含的动作数量可以是两个,如"跑—摸高"练习,也可以是多个,如"跑—爬—钻—跳"练习等;二是组合的方式多种多样。组合动作结构的身体练习资源是非常丰富的,体育课程中大量的内容实际上也由这类练习组成,因此其具有非常大的开发潜力。

(3)活动性游戏资源

游戏是一项古老而普遍的活动,它来源于人类社会的日常生活。对于身心发育尚未成熟、不需承担任何社会职责的儿童来说,游戏是展现他们生命存在与活力的舞台。游戏让儿童在现实世界和幻想世界中徘徊,构成了他们多姿多彩的精神家园。由于游戏对儿童的身心发展具有多方面的价值,可以促进儿童身体、认知、人格、社会性以及想象力和创造力等多方面的发展,因而游戏在学校教育中具有非常重要的意义。游戏不仅是学校教育的重要内容,也是学校教育的重要方法和手段。

游戏的形式千姿百态,种类繁杂多样,内容上也是五花八门,但总体上可以分为心智游戏和活动性游戏两大类。活动性游戏又称为体育游戏,其是以跑、跳、投等身体练习为基本内容,通过一定的规则和组织形式所构成的健身、娱乐方式。活动性游戏具有三个基本特点:一是目的性,即任何活动性游戏都是有一定目的的;二是有虚构和假象成分,人们在游戏中扮演着各种不同的社会角色,而这些角色可以与个人在现实生活中的角色毫无关系;三是具有竞赛的因素和一定的情节。与单一动作结构的身体练习、组合动作结构的身体练习相比,活动性游戏与它们的区别主要在于其有一定的活动情节和活动规则。也就是说,一定的运动动作、一定的情节,再加上简单的规则,就可以构成某项活动性游戏。

活动性游戏的数量非常多,而且新的游戏还在源源不断地被创编出来,这为体育课程提供了一个巨大的资源库。

(四)运动项目资源

运动项目是身体练习的高级表现形态。运动项目与活动性游戏有着天然的联系,很多运动项目就是从某个活动性游戏发展起来的,如足球运动起源于足球游戏,冰球运动起源于活动者脚绑冰刀,手持曲棍,在冰冻的湖面上追逐打击用木片制成的“冰球”游戏。又如,中国的民族传统体育项目“抢花炮”,来源于少数民族——侗族的传统游戏“抢花炮”等。运动项目与活动性游戏在要素结构上具有很大的相似性,如它们都包含有一定的运动动作、都有一定的比赛规则、都需要一定的场地和器材设备等。但与活动性游戏不同的是,运动项目的运动动作、场地器材、比赛规则都是非常规范的,而且运动项目的比赛一般都是有组织的活动。

运动项目的发展演变经历了漫长的岁月,积淀了人类体育文化的精华。它既集中了人类强身健体、游戏嬉戏、娱乐休闲的各种有效手段,又包含着人类通过身体所表现出来的能力和智慧去战胜对手、战胜自我和征服自然的科学方法。它既充分体现了人类相互竞争和拼搏的本性,又充分表达了人类渴望公平、公正以及和平的美好愿望。运动项目特别是竞技运动项目与学校体育课程有着非常密切的联系,从近代体育课程的发端到今天,各种运动项目一直就是体育课程的主要内容。运动项目资源在体育课程内容资源开发中具有非常重要的地位,这是由于高度竞技化、规范化的运动项目体系,为学校体育课程的发展直接提供了内容丰富、形式多样的资源;另外,在现代社会中,由于大众传媒的巨大作用,使得学生对运动项目资源的开发具有可接受性和兴趣性。

运动项目的种类非常之多,目前中国学者对运动项目的分类没有较一致的观点。例如,有的按活动环境特点将运动项目分为陆地项目、空中项目、水上项目、冰雪项目,有的根据参与对象的特点——职业运动员和普通人群,将运动项目分为纯竞技运动项目和亚竞技运动项目等;有的根据活动的目的,将运动项目分为养生性的、医疗性的、健身性的、娱乐性的、消遣性的、冒险性的运动项目;还有的按照年代、目的、功能、环境、季节、器材、年龄进行分类等。

学者徐元民根据运动形态的分类方法，颇具新意。受其启发，这里在参考了其他一些分类方法的基础上将运动项目分为以下十三类。①

1.球类运动项目

球类运动项目的特征就是二人或二人以上通过球进行互动的运动。“玩”球的动作和比赛的方法是多样的，如人们既可以用身体的某个部位接触球，也可以用物体或器械接触球；既可以以球击中某个物体，入球门来得分，也可以对方的失误来得分。例如，篮球、排球、足球、乒乓球、羽毛球、网球、门球、曲棍球、木球、保龄球、棒球、垒球、橄榄球、壁球、高尔夫球、台球、手球等。

2.搏击类运动项目

二人以徒手或器械的方式进行对打是这类运动项目的主要特征，如拳击、摔跤、擒拿、格斗、柔道、剑道、散打、空手道、跆拳道等。

3.野外运动项目

野外运动项目的特点是运动的环境为森林、高山、丘陵、旷野等自然环境，如远足、野营、山地自行车、登山、攀岩、旅游、越野跑、铁人三项、定向越野等。

4.医疗、保健运动项目

这类运动项目的特征是通过一些比较轻缓的运动动作来达到保健、辅助治疗与预防疾病、促进机体康复等目的，如太极拳、柔力球、瑜伽等。

5.水上运动项目

凡是运动的环境与海洋、湖泊、河流、水池有关的运动项目都属于水上

---

① 体育课程核心内容

https://wenku.baidu.com/view/280e88d20ba1284ac850ad02de80d4d8d15a01bf.html.

运动项目，如游泳、潜水、帆船、帆板、赛艇、皮划艇、冲浪、划船、滑水等。

6.空中运动项目

空中运动项目的环境主要是空中，分有动力的空中运动项目和无动力的空中运动项目两种，如跳伞、伞翼运动、无动力滑翔、航空模型、动力飞行伞等。

7.冰雪运动项目

凡是在冰和雪上进行的运动项目都属于此类，如滑冰、滑雪、雪橇、花样滑冰、花样滑雪、冰上舞蹈等。

8.舞蹈、韵律运动项目

这类运动项目的特征是人体运动配合以音乐韵律，以追求美感。如体育舞蹈、艺术体操、健美操、社交舞等。

9.体操运动项目

体操运动项目可分为徒手或带器械的两种形式，如单杠、双杠、跳马、平衡木、吊环、高低杠、自由体操、技巧运动、蹦床、团体操、健美操等。

10.机械运动项目

凡是利用机械原理带动人体移动或射击标靶的运动项目都属于这一类，如赛车运动、卡丁车、摩托车、自行车、射击、射箭等。

11.军事运动项目

这类运动项目的特征是在军事领域开展，主要用于达到某种军事目的，如提高士兵的体能等，如现代军事五项、武装泅渡、负重行走等。

12.新兴运动项目

新兴运动项目是相对于田径、足球、篮球、排球等近代运动项目而言的一类运动项目，其具有比赛规则新、场地器材新、运动动作新、运动形式新等一些基本特征，是深受大众欢迎的休闲、娱乐方式，如轮滑、飞盘、飞镖、沙狐球、滑板、滑草等。

13.民间、民族传统运动项目

中国是一个多民族的国家,各个民族都有自己传统的运动内容和方式,这些有着浓郁民族风情和地域特点的民族运动项目,不仅是民族传统文化的重要内容,也成为体育的重要手段。民间、民族传统运动项目是体育课程内容的重要资源,对这类资源的开发不仅能丰富体育课程内容,而且能极大地促进民族传统文化的发展,因而其具有重要的开发价值。目前在学校中开展比较普遍的项目有武术、珍珠球、射弩、民族式摔跤、抢花炮、舞龙、舞狮、赛龙舟等。

(五)其他资源

其他领域的一些身体活动内容,同样也可以作为体育课程内容资源来进行开发,如劳动动作、舞蹈动作、杂技动作、民族或民间歌舞动作等。在对这一类体育内容资源进行开发时,除了要注意进行教育学的加工和提炼外,还要注意与地域特点相结合,不要流于形式。

三、体育课程资源开发与利用的原则

从当前中国体育课程改革的趋势来看,凡是有助于创造出学生主动学习和和谐发展的资源都应该加以开发和利用。但体育的课程资源是十分丰富的,究竟哪些资源才是具有开发和利用价值的体育课程资源,从课程理论的角度来讲,至少要经过三个筛子的过滤才能确定体育课程资源的开发价值。第一个筛子是教育哲学,即体育课程资源要有利于实现体育课程目标,反映社会的发展需要和进步方向;第二个筛子是学习理论,即体育课程资源要与学生学习的内部条件相一致,要符合学生身心发展的特点,满足学生的兴趣爱好和发展需求;第三个筛子是教学理论,即体育课程资源要与体育教师教学修养的现实水平相适应。为了使体育课程资源的筛选机制更好地在体育课程资源开发中发挥作用,教师必须把握以下几个重要原则。

(一)开放性原则

所谓开放性原则,是指体育课程内容资源的开发要突破时间、空间、学科、领域、途径的限制,尽可能开发利用有益于体育课程实施活动的所有体育课程内容资源。即以一种开放和包容的心态对待人类所创造的一切文明成果,只要有利于实现体育课程的目标,就应该将之纳入开发与利用的视野,兼收并蓄,为我所用。事实上,从体育课程的发展历史来看,体育课程内容就一直变化着、更替着,从体育课程发祥时代的兵操到现代的各种运动项目,从相对贫困时期的健身养护内容到后工业时代的娱乐休闲内容等,体育课程本来就是一个开放的、不断变化的系统,本身就具有极强的包容性。体育课程内容资源开发的开放性包括时间的开放性、空间的开放性、学科的开放性、系统的开放性及途径的开放性。

时间的开放性是指体育课程内容资源的开发应该跨越时间的界限。从古至今,人类在几千年发展过程中创造了灿烂的体育文化,有的虽历经时间的侵蚀,但仍然熠熠生辉,闪烁着璀璨的光芒。古代的、近代的、现代的各种形态的体育文化为人们提供了一个丰富的资源库。人们可以根据需要从中选择相关内容进行开发,并不断推陈出新,赋予它们时代的意义。

空间的开放性是指体育课程内容资源不论是校内的还是校外的,中国的还是外国的,农村的还是城市的,汉族聚居地的还是民族地区的,只要有利于实现体育课程目标,都可以进行开发。

学科的开放性是指体育课程内容资源的开发在学校内部要打破体育学科与其他学科之间的界限,尽可能利用其他学科如语文、数学、生物、物理、地理等的内容资源,使所开发的体育课程内容更具有综合的、全面的教育意义。

系统的开放性有两层含义:一是指在体育课程内容资源开发时,不要只局限于学校体育系统,要尽可能利用社会体育系统和竞技体育系统的内容资源;二是指在体育课程内容资源开发时,要超越体育系统的界限,政治、科技、文化、军事、医疗卫生等社会其他系统也有大量丰富的体育课程内容资源，也是人们开发的对象。

途径的开放性是指体育课程内容资源开发不应该局限于某一种途径或方法，应尽可能探索多种途径或方法，并能协调使用。

总之，体育课程资源的开发要以开放的心态来对待人类创造的一切文明成果，尽可能开发有益于实现体育课程目标的一切可能的体育课程资源。

（二）针对性原则

所谓针对性原则，是指要针对体育课程目标，从学生、体育教师、学校的特点和实际出发进行体育课程内容资源的开发。

首先，要针对体育课程目标进行体育课程内容资源的开发。体育课程内容资源开发的最终目的是体育课程目标的实现与达成，因此体育课程内容资源开发自始至终都要围绕着如何有效达成体育课程目标来进行。一方面，不同的体育课程内容资源具有不同的作用与功能，对于不同特定的体育课程目标就应该开发不同的体育课程内容资源；另一方面，一些不同的体育课程内容资源可能具有相同的作用与功能，开发时就应该针对体育课程目标对各种资源进行比较与分析，以便能开发出适应性相对较强的体育课程内容。

其次，要针对学生的特点进行体育课程内容资源开发。这在理念上体现了体育课程开发与建设要“以学生为主体”的思想。具体表现在三个方面：一是要针对学生的生理和心理发展水平；二是要针对学生的体育兴趣与爱好，尽可能激发学生的求知欲；三是要针对学生已有的体育学习基础和能力。

再次，要针对体育教师特点进行体育课程内容资源开发。每一位教师都有自己的认知策略、思维习惯和工作方式，有自己的生活经历和教育背景，有自己的经验、兴趣、爱好、专长和个性特征及不同的教育教学风格等。这些不仅会直接影响到他们对体育课程内容资源开发的认识，也关系到开发方式和开发的广度与深度。因此，应针对每个体育教师的教育思想、理念、知识、经验、专业水平、特长等来开发体育课程内容资源。

最后，由于各个学校具有不同的性质和任务，其地理位置、历史传统、培养目标、办学宗旨、师生结构、校风校纪、校容校貌等各不相同，所以要针对学校的特点进行体育课程内容资源开发。例如，针对学校的自然环境特点，学校的场地、器材、设备的特点，学校的体育传统与风气、班风与校风的特点等。由于体育课程内容资源的开发在很大程度上受学校体育课程环境资源状况的制约，因此体育课程内容资源的开发也要因地制宜，从各个学校的实际出发。例如，山区学校，可以以山为主题来开发体育课程内容资源，如登山、攀岩、远足、野营等；地处江、河、湖、海附近的学校则可以以水为主题开发体育课程内容资源，如游泳、龙舟、划船、水中健身操等。又如，城市经济条件好的学校可以利用校内外的网络资源，进行体育课程内容资源开发，如开发各种体育知识、运动项目的比赛规则、健康保健知识等；农村经济条件较差的学校则可考虑开发一些本乡本土的、民间的体育课程内容资源，如舞龙、采莲船、踩高跷、顶扁担、滚铁环和其他民间游戏等。

总之，体育课程资源的开发和利用是为了顺利实现体育课程目标，因此针对不同层次的体育课程目标，应该开发和利用与之相适应的体育课程资源。一般说来，每一种体育课程资源对特定的体育课程目标具有不同的作用，不同的体育课程目标就要开发和利用不同的体育课程资源，但是由于体育课程资源具有多质性，同一体育课程资源可以服务于不同的体育课程目标。所以，在明确体育课程目标的前提下，对体育课程资源的开发和利用要认真分析与体育课程目标相关的各种体育课程资源。认识和掌握各自的性质和特点，这样才能保证开发和利用的针对性和有效性。

（三）开发与利用相结合的原则

开发与利用相结合原则是指在体育课程内容资源开发过程中，不能单纯为开发而开发，要注意使开发与实际利用结合起来，使开发的体育课程内容资源通过课程实施的各个环节进入体育课堂而发挥其作用。

体育课程内容资源的开发应该注意尽量避免只重开发不重利用的倾向，既要注意开发的数量，也要注意开发的质量；既要树立积极开发各种体育课程内容资源的意识，又要善于分析、识别、发现现有的体育课程内容资源，把闲置的体育课程内容资源及时进行加工、改造和转化，使之进入体育课程而加以充分利用。

（四）经济性原则

体育课程资源的开发和利用要尽可能用最少的开支和精力，达到最理想的效果，具体包括开支的经济性、空间的经济性和学习的经济性。开支的经济性是指用最节省的经费开支取得最佳效果，尽可能开发那些不需要多少经费的体育课程资源。时间的经济性是指应尽可能开发那些对当前体育课程实施最有意义的体育课程资源，而不能一味地等待更好的条件或时机，否则就会影响体育课程资源的实施。空间的经济性是指体育课程资源的开发要尽可能就地取材，不应舍近就远，好高骛远。校内有的不求助校外，本地有的不求助外地。学习的经济性是指尽可能开发那些能激发学生学习兴趣的体育课程资源。

四、体育课程资源开发与利用的策略

（一）校内体育课程资源的开发与利用

1.人力资源的开发与利用

学校体育教育活动的直接参与者是体育教师和学生，除此之外，班主任、有体育特长的教师、校医等，在体育教学中是一种不可忽视的人力资源。

（1）体育教师资源的开发

体育课程资源无论是素材性体育课程资源还是条件性体育课程资源，对于体育课程目标的实现范围和水平都是非常重要的。在对体育课程资源进行深入分析时，人们要清楚究竟哪些体育课程资源是最为基本的，哪些体育课程资源在整个体育课程资源中居于主导地位并对整个体育课程资源结构功能的发挥具有决定意义。

对于条件性体育课程资源来说,必须首先保证的是实施体育课程最基本的时间和空间,如课时保证和最基本的安全以及必需的场地器材和设备,这是体育课实施的前提条件。没有这样的条件保证,课程实施问题就无从谈起。在具备了这些基本前提条件之后,条件性体育课程资源的建设则要量力而行。素材性体育课程资源的开发与条件性体育课程资源相比,素材性体育课程资源的开发具有更大的灵活性和创造空间。其中,兼具条件性与素材性体育课程资源两种性质的人的要素在整个体育课程资源特别是素材体育课程资源的开发中起着主导和决定性作用的。换句话说,体育教师不仅决定体育课程资源的鉴别、开发、积累和利用,是素材性体育课程资源的重要载体,而且体育教师自身就是体育课程实施的首要条件资源。体育教师作为体育课程的实施、组织者,教师的价值观、知识观、学生观、发展观等都会影响他们对课程资源的认识水平、开发利用方式和开发程度的大小,因此体育教师是体育课程改革的关键因素。

新的体育课程内容不再是清一色的竞技运动项目,民族传统体育、新兴运动项目将被引入体育课程教学。新课程标准不规定具体的教学内容、教学方法和评价标准,这就给了体育教师充分选择课程资源开发利用的空间。教师可以根据学校和学生的实际情况,开发出有助于激发学生体育学习兴趣,与学生的生活经验和生活实际相联系的、促进学生健康发展的课程资源。

由于体育课程资源的开发处于初期阶段,体育教师的课程资源观尚未形成,如果不帮助体育教师树立正确的课程资源观,不帮助他们认识课程资源的内涵、性质、种类及实现课程目标的价值,体育课程资源就会成为一句空话。因此,在体育课程资源的建设中学校应该将体育教师队伍建设放在首位,通过加强对体育教师多元多级培训,提高教师的课程资源开发和利用水平。另外,体育教师应加强体育课程资源意识,利用各种机会提高自己的理论水平,好好钻研教材,备好教材,备好学生和课堂,锻炼和提高自己开发和利用课程资源的能力。甚至在体育课程资源极其紧张的情况下,充分发挥体育教师的主观能动性,“化腐朽为神奇”,实现体育课程资源价值的“超水平”发挥。

(2)学生资源的开发与利用

学生也是课程资源,因为学生是课程的主体。一方面是指学生的现实生活和可能生活是课程的依据,另一方面是指发挥学生在课程实施中的能动性,学生创造着课程,课程本身具有“过程”和“发展的含义”,课程学习就意味着通过学生与被称为课程的东西进行着对话构建课程意义。课程的实施不是设计者预设的发展途径,学生也不是完全通过对成人生活方式的复制来成长的。他们在与课程的接触中,用独有的眼光去理解和体验课程,并创造出鲜活的经验,而这些鲜活的经验又是课程极为重要的组成部分。因此,教师不应把课程及其教材视为学生毫无保留的完全接受的对象,而应发挥学生对课程的批判能力和构建能力的作用。

体育与健康课程关注的核心是满足学生的需要和重视学生的情感体验,促进学生的全面发展。从课程设计到评价的各个环节,教师始终把学生主动、全面的发展放在中心地位。在注意发挥教学活动中教师主导作用的同时,特别强调学生学习主体地位的体现,以充分发挥学生的学习积极性和学习潜能,提高学生的体育学习能力。

学生丰富的生活信息、个性化的生活体验、奇异多彩的想法是隐性的体育课程教学资源,挖掘和利用学生好动好玩的天性和生活经验等资源,能充分调动学生的主动性和积极性,提高学生的运动技能水平。开展互教互学活动,利用有体育特长的学生开展体育教学活动,如在行进间低手上篮的篮球教学中,可以让有篮球特长的学生示范,辅导其他同学练习。教师在教学过程中还可以发挥学生代替体育器材的作用,如学生可替代“山羊”用作支撑跳跃的活动,可让学生代替标志杆进行蛇形跑等。

(3)有体育特长的老师、校医等人力资源的开发与利用

新课程标准下的体育课程,由于时间和空间的拓展,内容和方法的多样化,必然导致人力资源的多样性与开放性,新的人力资源应该是以体育教师

为主,同时又具有体育特长的教师、校医等参与的结构模式。因此,体育教师应充分利用校内有体育特长的教师、校医等资源,可以利用课间、课余活动时间,带领学生进行各种各样的体育活动,也可以组织并指导学生参与班内或班级之间的各种比赛。

2.体育课程教材资源的开发与利用

教材是学校根据课程方案和课程标准选择和组织的教学内容。它的内涵主要体现在三方面:第一,为使学生形成特定的知识体系所勾画的事实、概念、法则和论点。第二,同知识密切相关的、有助于各种能力形成并能熟练的系统的心理作业与实践作业的各种步骤、方式与技术。第三,与知识和能力体系紧密相关,奠定世界观基础,表现为信念、政治和道德观的认识、观念和规范。《体育与健康》教材是根据课程标准的精神和要求以及学生的身心发展特征,全面理解新的课程理念、课程性质和课程价值。教材内容是学生喜欢的、富有特色,它含有大量可供选择的教学内容。体育教师要进行创造性的活动,使教材的实施更灵活,方法更科学,效果更令人满意;另一方面就是各地区应根据具体情况灵活应用。教师需要因地制宜地根据学生情况和教学任务选用和创编教材,完善教材。例如,本班学生耐力差,就主要加强耐力训练;学生厌倦了在操场练习就组织出去爬山;学生非常喜欢足球,就多增加它的课时,还可以组织足球比赛,组织观看足球比赛等活动。

"体育与健康"课程虽然改变了传统的围绕运动项目、培养身体素质或发展人体基本活动能力等为主要的教学内容,但并没有否认竞技体育项目在体育课中的作用,因为竞技体育具有丰富的文化内涵。竞技体育是一种提高社会道德水平的规范文化,树立公正、公平、民主、团结、协作、友谊、谦虚、诚实等道德观念是社会不可缺少的规范文化,对青少年乃至全体社会成员都具有教育意义。竞技体育是一种提高审美意识的情感文化,它可以净化社会情感,提高社会的审美情趣。竞技体育对人的教育,对人的社会化,对个性的发展和培养更有积极的作用。

学校可根据学生的兴趣爱好,有目的、有计划地对竞技体育项目进行改造，开发既能娱乐健身又具有游戏性的竞技体育项目。例如，沿海学校可开展沙滩排球项目，有条件的学校开设网球、高尔夫球等运动项目。因此，教材开发中不应忽视竞技体育项目的开发。体育教材作为主要课程资源，教师要深入理解它的内涵，细心研究，灵活运用，充分发挥它的作用。

3.体育器材、设施资源的开发与利用

体育场地、器材是加强素质教育，提高体育教学质量，增进学生健康的物质保证。在新课程标准的指导下，国家已制定了各级学校体育器材设施配置目录，各地学校应争取有计划、有步骤地逐步配齐，并在原有的基础上逐步改善。对现有体育设施应充分发挥应有的作用，同时应努力开发它的潜在功能，实现体育设施利用价值的最大化。

（1）开发体育器材的多种功能

一般体育器材都具有多种功能，只要教师在利用时转换视角和思维方式，就可以开发出常用器材的多种新功能。例如，栏架可以用来跨栏，可以用来作钻越的障碍，还可以用作小足球门等；标枪可以用来掷标枪，可以用来做蛇形跑的标志杆，还可以用作简易的跳高架，利用跳绳可以做绳操、斗智拉绳等。

（2）改造场地器材，提高场地利用价值

中国大部分学校场地器材资源有限，教师可以结合学校的实际情况，对场地进行改造，来满足教学、课外活动的需要。可以把教学成人化的场地器材改造成适合学生活动的场地器材，如降低篮球架高度，降低排球网高度，缩小足球的场地等，这样既能让学生在参加体育活动中获得成功的体验感，又能提高学生参加体育活动的兴趣。教师可以开发体育场地的多种项目的使用功能，提高使用价值。例如，篮球场可以用于篮球比赛，也可以用于排球比赛、羽毛球比赛等。

（3）合理布局和使用场地器材

学校场地的布局应当既要满足教学的需要，又要满足课外体育活动和校外比赛的需要；既方便组织，又要方便教学活动；既要确保安全，又要确保让学生有地方活动；要形成相互依托，互为补充的多功能活动区。

教师应当根据本校和周边环境条件，充分规划和利用空地，进行安全的、适宜的体育活动。学校要加强场地器材的保养工作，合理地使用有限的财力、物力，使每一样设施都能起到尽可能大的作用。

(二)校外体育课程资源的开发与利用

1. 自然地理资源

中国地域广阔，地貌复杂多样，季节气候变化万千，具有丰富的体育课程资源。利用空气，可以进行有氧运动，如散步、慢跑、有氧操等；利用阳光，可以进行日光浴；利用水，可以进行游泳、温泉浴等；利用山地丘陵可以开展登山运动和有氧耐力训练；利用沟渠田野，可以进行越野跑、跳跃等练习；利用海滩或沙地，可以进行沙滩排球、沙滩足球等；利用沙丘，可以进行沙疗、爬沙丘、滑沙等活动；利用江河湖泊，可以进行水上安全运动；利用雪原，可以滑雪、滑雪橇、滚雪球、打雪仗等项目。春季可以开展春游、远足；夏季可以开展游泳、沙滩排球；秋季可以爬山、越野跑；冬季可以开展滑雪、滑冰。对一些农村学校，教师可根据自然地理环境，进行登山、田间跑、围绕树木蛇形跑等体育活动。

2. 体育信息资源

信息意识和能力是现代社会公民科学素养的重要组成部分，信息技术的发展为科学教育提供了前所未有的崭新平台。信息化资源虚拟化的特点充分说明了体育课程资源包含信息化资源，具有容量大、智能化、网络化和多媒体的特点，这使体育教学得到高层次的进步与发展。教师可以充分利用图书馆、网络、多媒体技术等获取体育信息，不断充实更新体育课程内容；图书馆藏有大量的体育图书和体育历史资料，它们含有大量有价值的体育知识和技术；网络能提供新鲜的体育新闻、最新体育动态，而且网络上有许多体育评论，也有实用的体育健身知识、运动处方；多媒体能有效地宣传体育，辅助体育教学。比如武术套路的教学，篮球、排球、足球的技战术教学等都可以利用多媒体进行,不仅形象生动,而且有效。这些课程资源的开发和利用丰富了体育课程内容,优化了体育课程,进一步促进了体育课程的发展。

3.家庭体育活动资源的开发与利用

随着国家和社会的快速发展,人们生活水平不断提高,健康意识不断增强,家庭健身、家庭休闲体育运动蓬勃发展,家长的体育价值观、体育锻炼行为得到根本的转变,这种转变对学生的体育锻炼习惯的培养具有很大的影响。开发利用好家庭体育资源,对培养学生的体育学习兴趣、养成良好体育锻炼习惯具有一定的作用。

4.社区体育资源的开发

社区体育资源包括社区体育场地、社区体育活动和竞赛、社区体育指导员等。社区体育场地包括社区各种运动场地、俱乐部及体育设施,充分开发这些资源能弥补校内体育设施的不足。社区体育活动和竞赛既能发挥学生的体育特长,又能激发学生参加体育活动的兴趣,让学生走出课堂,走出学校,参与自己感兴趣的体育活动,培养终身体育意识。

第三章 高校体育教学改革模式选择

第一节 快乐体育教学模式

一、快乐体育教学模式概述

(一)快乐体育的定义

快乐体育教学以运动为基本手段,采用适宜的教法,在发展学生身体的前提下,使学生得到理性的快乐体验,即以快乐心理体验为直接(显性)目标的体育教学。其基本宗旨是把运动作为体育追求的目标而不仅仅是手段,让学生能够理解、享受掌握和创造运动,使运动文化成为其生活内容中不可缺少的一部分。快乐体育不仅是一种以人本主义教育观为理论基础的体育教学指导思想,而且是一个较为完整的教学方法论与教材理论的体育教学实践体系。它融合了素质教育的理念和传统体育教育的精髓,能够让学生在体育运动中体验到参与、理解、掌握以及创新运动的乐趣,从而激发学生参加运动的自觉性和主动性。

快乐体育就是寓教于乐,从情感教学入手,倡导以学生为主体,教师为主导,对学生进行以健全的身体教育和人格教育为目标的体育教育思想。其核心思想是:如何采用各种有效措施使体育教学达到教师兴教,学生乐学的良好效果,最终使学生深刻体验运动的意义和乐趣,为其形成终身体育意识埋下种子。

(二)快乐体育教学模式简述

1.快乐体育教学模式的定义

20世纪80年代以后虽出现多种教学模式,但较少有人涉及体育教学模式概念。杨楠提出的定义："体现某种教学思想或规律的体育活动的策略和方式，它包括相对稳定的教学群体和教材、相对独特的教学过程和相应的教学方法体系"。[①]《体育科学词典》的定义为："按照一定的体育教学理论或教学思想设计，具有相应结构和功能的体育教学理论或教学活动模型。"它包括教学理论或教学指导思想、教学目标、教学条件、操作程序和师生组合五大要素。毛振明将体育教学模式定义为："体育教学模式是体现某种教学思想的教学程序，它包括相对稳定的教学过程结构和相应的方法体系。主要体现在教学单元和教学课的设计和实施上。"[②]文永芳认为体育教学模式的定义应表述为："体育教学模式是指具有特定的教学思想，用以完成体育教学单元目标而设计的相对稳定的教学程序。"[③]

2.快乐体育情感教学模式

快乐体育应从情感教学入手，对学生进行健全的身体教育和人格教育，要重视爱的教育、美的教育与各项运动所独具的乐趣，强调学习兴趣与创造学习。情感教学是学生身心培养的一种，这种从内心角度出发的方式，对教学具有一定的影响作用。快乐体育情感教学模式不仅把运动和情感作为实现教学目标的手段，而且视为直接目的。在教学中，应注意体现以下几个特点：

①乐学性。在体育教学中渗透德育是体育教学的基本要求。快乐体育以"乐学"为支撑点，培养学生良好心理素质。心理素质包括目的、兴趣、情感、意志等全部非智力因素。

②趣味性。"授之以趣"，教师乐教，学生乐学。

③情境性。将体育教学活动置于一定的情境之中让体育学习变得亲切、自由和愉快。

---

① 快乐体育教学模式的构建，
https://www.yjbys.com/bylw/lunwenfanwen/31385.html.

② 快乐体育教学模式的构建，
https://www.yjbys.com/bylw/lunwenfanwen/31385.html.

③ 文永芳.对体育教学模式的再认识[J].山东体育科技，2009(01).

④激励性。教学中一方面要“激情、激趣、激志”,激发学生主动学习意识;另一方面要“激疑、激思、激智”,激发学生的心智活动,达成在快乐中求发展,在发展中求快乐的目标。

⑤实效性。近期目标是培养学生良好的学习习惯和乐学精神,提高教学质量;远期目标是面向终身体育,发展体育素质。

3.快乐体育“三部分”的教学模式

快乐体育“三部分”是指准备部分、基本部分和结束部分。

(1)准备部分

准备部分不仅仅是帮助学生生理上做好上体育课的准备,而是将主动权交给学生,让学生自由想象、敢于发挥、勇于创新。这样既给了学生一个表现自我的舞台,锻炼了学生的组织能力,同时还向学生提出了更高的要求,促使学生继续努力,养成良好的体育习惯。

(2)基本部分

由学生自由选择项目、自由编组、自主学习与锻炼,教师所要做的就是协助学生解决在练习过程中遇到的困难和问题。在教学中,教师根据学生选取的项目以及他们的认知水平、运动能力制定出每堂课的教学目标。学生围绕教学目标可以采用多形式的学练方法,同时通过集体智慧来解决学习过程中出现的各种问题。

(3)结束部分

不要让学生拘泥于传统的形式,只要是有益于身心放松的活动都可以采用,如游戏、欢快的集体舞、互相按摩、自我按摩、调整呼吸、意念放松或听上一段优美的音乐,想象把自己置身于优美的自然环境中。

4.快乐体育多媒体技术教学模式

体育教师的特长、喜好、年龄、身体素质影响着体育教学的开展。运用多媒体辅助教学可以极大优化教学环境,克服教师自身条件限制,提高学生学习的兴趣,促进学生主动学习。多媒体的教学在教学内容上更加丰富形象化,在视觉的效果上也增添了许多,能够更好地激发学生兴趣,改善课堂气氛。

多媒体技术可以给学生提供声、光、电等各种信息,使课堂教学变得生动活泼,大大优化了教学环境与教学氛围,使师生之间的信息交流变得顺畅。例如,在讲篮球战术理论时,可以通过播放学生喜欢的美国NBA比赛、国内CBA比赛的片段,让学生了解战术配合的形式和变化。通过慢放或反复播放,让学生看清楚战术配合中场上队员跑动的路线、采用的系列技术动作等,再加上教师的进一步讲解,达到视听结合、生动有趣、直观形象的效果。体育运动是脑力劳动与体力劳动的结合,缺一不可。因此,学生在心境开朗、快乐的气氛中学习,才能达到事半功倍的效果。

(三)快乐体育教学模式的特征

1.整体教学目标突出发展性

"以人为本"即人的发展是快乐体育教学追求的终极目标与核心,致力于人的发展的体育教育才是教育真正所需要的。发展就是要提升人的地位,显示人的价值,开发人的潜能,昭示人的个性。快乐体育教学的核心是在教师的引导下,通过有效的教学方法和手段,激发学生的学习兴趣,充分调动学生学习的积极性,变"厌学"为"乐学","苦练"为"乐练","乐"于进取、向上,更有效地发展学生个性和提高学生体育能力,从而把体育的作用理解为要体现以学生为主体的教学发展观,致力于体育教学目标上的发展性教育。

快乐体育教学模式不仅推崇融知识、技能和观念态度为一体的完整的发展性教育,体现体育教学的教育性原则,而且在教学过程中注重生存与发展的终身学习能力的教育,有利于形成个性化学习模式,避开了传统体育教学模式的最大弊病——封闭,即与外部世界缺乏联系性,从"以人为本"的角度出发,将学生的发展置于社会文化教育的背景之中。

2."以生为本"的指导思想

"快乐体育"是中国尝试的一种新的教学模式,其标准符合新课程标准的重要性,使学生在学与练的过程中,掌握基本技术,又由于运动性确保"健康第一”思想的落实。

3.因材施教

快乐体育教学模式把教学的中心从教师转向为学生，实行以教师为主导与以学生为主体相结合的教学，即在发挥教师主导作用的同时，特别强调学生主体地位的体现，这样才能激发和维持学生学习兴趣与动机，以充分发挥学生的学习积极性和潜能作为提高教学效果的重要手段。它强调通过体验个性化的教学，对学生进行因材施教，满足每一个学生的需要，并帮助学生建立和完成切实可行的努力目标。

4.教学方法多样性

在教学方法上，要从以注入式的传统型教学为主转向为以启发式的创造性教学为主，实现教学方法的多样化和科学化，逐步做到从情感入手，以发展个性为重点，分层次递进，讲究授之有趣，注重引导发现，培养学生发现问题，解决问题的能力。启发式教学没有固定模式，主要是在教学过程中调动学生学习的主体性，培养学生思维能力，使学生通过再发现来进行教学。具体做法可以从实际出发，灵活运用，不必限制于一些规章制度，只要学生身心能得到有效的锻炼，可根据学校现有的资源，比如体育器材和场地的状况，合理安排课程，最大限度地使学生自主学习、自主思考，这样才能更好地挖掘学生思维的潜力。

5.教学组织严密性

体育教学是一种涉及认识、情感等方面的人际交往过程，其教学过程有一个或几个体验运动乐趣的环节，这些环节相互连接，层层递进，使学生能体验到运动、学习、挑战、交流和创造的乐趣，建立一种协调、互信、融洽的师生关系和同学关系。在教学组织上，教师应该改变传统以强调纪律为主的组织方式转向活跃的组织方式，形成严肃而不沉闷，活跃而不杂乱的理想环境。因此课堂教学应该强调多向联系，加强师生之间、学生之间的纵横向交流，强调非模式化生动活泼而又轻松的课堂氛围，明确教师的主导作用，指导学生参加课堂的组织和管理，给予学生充分的自由空间，充分发挥其主体作用，学生愉快轻松地参与体育课堂教学。①

二、基于体育游戏的快乐体育教学模式的构建

“快乐”是一种愉快的情感体验，而乐趣则能使人产生愉快情感体验的运动特性。所以“快乐体育”教学强调运动与生活关联，体现主动、快乐和个性发展的效果。乐趣由“心”生，而游戏却倡导一种使人能感受以“心”为主导，身心的完美结合的思想。②

（一）贯彻“安全”“健康”“娱乐”三者统一的教学指导思想

“安全”问题是体育教学中最先考虑的，由于这个问题会带来严重的后果，这就限制了体育活动的开展，而这里寻求的是在保障安全的活动环境下，学生德智体美劳全面发展，即“健康”成长；“健康”是体育教学的追求，而“娱乐”是配合“健康”，在这里把两者并列，是因为“娱乐”是“健康”不可或缺的途径。所以只有统一三者，才能准确定位快乐体育教学的指导思想。三者合为一体就是一个良好的教学指导思想，快乐体育的本身原则就是更“安全”、更“健康”、更“娱乐”地来完成课程，三者的关系是相互联系、不可分割的。“安全”是课程完成的基础，学生健康的基本保障，其中包含了很多基本的要求。“健康”体育课的根本所在就是提高学生的身体素质，通过锻炼达到保持身体健康的目的。“娱乐”就是在前两者的基础上通过娱乐身心的方式，在安全的基础上来达到活跃身心健康的目的，这也是快乐体育的一种教学效果，提高教学质量，完成教学任务。

（二）建立以增强体质，促进人格完善的教学目标

众所周知，科学合理的体育活动能使身体更加健康，随着研究的深入，人们发现学生在积极参与运动的过程中，思维变得更加活跃和敏锐，创新能

---

① 黄晓红，唐迅.体育游戏在现代体育教学中的作用及运用[J].宜宾学院学报，2008(6).

② 吴月琴.体育游戏在体育教学中的个性发展[J].井冈山医专学报，2007(4).

力大大提高;同时受活动环境的熏陶,加速个性社会化的形成,而学生认知能力的培养和个性社会化的形成能促进人格的完善。社会的发展对于人才的需要越来越高,人本身的基本素质也需要提高,在基础的课程里,体育课是提高学生身体素质的重要方法。随着社会需要及课程要求的改变,体育课的转变就在于在基本的思想上,快乐体育教学能把学生的思想意识带动起来,使学生思维方式得到转变,从而实现体育课程的教学目标。

(三)建立“因人而异”的教材体系和“因材施教”的教学方法

好的教学方法能更好地完成教学,有针对性地采用好的教学方法能够更好地提高教学质量。由于学生受很多因素的影响,其素质表现出明显的个体差异,因此教师要根据实际情况,因材施教,具体在选择教学内容和教学方法以及制定练习的难度与要求等时,表现出选择和制定上的灵活性,尽量满足每个学生的实际需求。人性化的教学更好地体现了快乐体育教学模式的重要性,因人而异地来进行教学,以愉悦身心的方式来教学。新颖的教学方法相对来说还是比较多的,把好的教学方法运用到教学中,能提高教学质量、激发学生的兴趣。

(四)建立以游戏理论为辅,不断创新并达到培养学生身体发展为目标的教学内容

如今的体育课程多以传授基本技术、基本学习方法为主,在根本上没能使学生更好地理解和掌握技术和方法。在教学过程中,运用多种游戏方法进行教学,提高学生的积极性,培养学生身心健康发展。游戏的理论基础颇深,在运用上不能局限,也要有一定的人文内容融入,所以教师在安排教学内容上要有所突破,这才体现出新型体育教学模式中的新颖之处:重视娱乐教学,但是不能把体育课程变成完全的游戏课,用游戏的方法和理论去辅助教学,达到良好的教学效果。

(五)建立以教师为主导,教师与学生共同为主体的教学群体

学生虽然是学习的主体,但其所需要的体育知识、技能,需要由教师来

传授;学生的自学积极性,需要由教师来激发和培养;学生进行自主学习,合作学习和探究学习,也离不开教师的指导等。然而,教师在主导教学的过程,也要让自己成为主体,与学生一起感受和体验,让体育教学过程中的所有成员成为一个能够随时随地反馈信息的系统。

(六)建立以重视情感投入为主并培养学生自主学习和合作学习的教学过程

体育教学的过程不仅是体育知识、技能的传递过程,而且还伴随师生之间的情感交流,伴随态度和行为方式的相互作用与影响。教师根据学生的需求,激发学生兴趣,确立正确的学习动机。学习动机能克服许多传统教学模式中学生所处的被动状态的弊端,能培养学生学习的自主性,也能改善师生关系和生生关系,在活动过程中互相学习,共同提高,为学生提供了愉快的学习经历,有利于营造和谐合作的学习气氛。

第二节 合作学习体育教学模式

一、合作学习教学模式概述

(一)合作学习教学模式的理论依据

合作学习是一种以学生为中心进行知识构建的教育理论,适用于不同类型、不同层次的教育。它作为一种系统的教学模式,是在一定的教学理论和知识的指导下构建的特定的教学模式,它有很深的理论基础。合作学习教学模式可以从:心理学、教育学、体育学等多学科得到理论支持。

1.合作学习教学模式的心理学理论基础

(1)群体动力理论

格式塔心理学创始人之一的美国心理学家考夫卡提出:群体是成员之间的互赖性可以变化的动力整体。考夫卡的同事美国心理学家勒温对上述观点做了具体阐述：第一，群体的本质就是导致群体一个“动力整体”的成员之间的互赖，这种互赖通常由共同目标而创设，任何成员状态的变化都引起其他成员的变化；第二，成员之间紧张的内在状态能激励群体达成共同的预期目的。勒温的弟子美国社会心理学家莫顿·多伊奇提出了合作与竞争的理论，这对合作教学的发展产生了直接的影响。道奇认为“在合作的社会情境下，群体内的个体目标表现为‘促进性的相互依赖’；而在竞争的社会情境下，群体内个体目标则体现为‘排斥性相互依赖’”。[①]

（2）选择理论

选择理论原称控制理论（control theory）。选择理论的创始人美国心理学家威廉·格拉瑟指出：控制论是建立在这样的事实基础上的，即人们是被内在动力所推动的，是被人们的各种需要所驱使的，是一种“需要满足理论”。

选择理论认为：人都被潜伏于基因中的四种心理需要所驱使，它们是归属的需要、力量的需要、自由的需要和快乐的需要。部分或全部的需要被满足都会使人感到愉快。美国著名教育家约翰·杜威说过：人类本质里的最深远的驱策力就是需要具有重要性，学习应该与学生的需要和兴趣联系。

教育应该包括学会和别人一起学习、工作、生活，学会尊重他人和理解他人，这种民主程序必不可少。可以说只有愿意学才能学得好就是选择理论最为简洁的一种表述。

（3）动机理论

动机理论（motivational theory）主要研究的是学生活动的奖励或目标结构。多伊奇界定了三种目标结构：合作性结构、竞争性结构和个体性结构。在合作性结构中，要求每个个体指向目标的努力都要为其他个体的目标实现做贡献，有利于他人的目标实现。合作性结构与竞争性结构相反，创设了一种只有通过小组成功，小组成员才能达到个人目标的情境。为实现个人目标，合作的小组成员必须尽力互相帮助，特别是鼓励他们为同伴做出最大

① 俞克纯.激励·活力·凝聚力[M].北京：中国经济出版社，1992：138.

的努力。在评价小组合作表现的基础上对小组进行奖励,能够产生组中成员相互之间对任务相关行为给予社会强化(如表扬与奖励)的人际奖励结构。这是合作学习教学效果优于个体化和竞争性结构的原因所在。约翰逊等人认为,学习动机是借助于人际交往过程而产生的,其本质是一种人际相互作用建立起的积极的彼此依赖关系。激发动机的产生最有效手段就是在课堂教学中建立起一种“利益共同体”的关系。这种共同体可通过共同学习目标、学习任务分工、学习资源共享、角色扮演与分配、团体奖励和认可来建立。小组成员之间形成一种“休戚相关”“荣辱与共”“人人为我,我为人人”的关系是动机激发的一个重要标志。从以上分析不难看出动机理论对于合作学习的重要性,它是合作学习教学模式的核心理论之一。

(4)认知理论

①发展理论。著名儿童心理学家维果茨基提出了“最近发展区”的概念,他对最近发展区界定为“由独立解决问题所决定的实际发展水平,与通过成人的指导或与能力更强的同伴合作解决问题所确定的潜在发展水平之间的距离”。

此概念强调教学不能仅仅依据于儿童过去已完成的发展过程,而应依据于现在仍处于形成状态,在成熟、在发展的过程。简而言之,就是教学要在发展的前面引导发展。

②认知精制理论。认知心理学的研究发现:如果要使信息保持在记忆中并与记忆中已有的信息联系起来,学习者必须对材料进行某种形式的认知重组或精制加工,以此来达到提高记忆效果的目的。

精制认知的有效方式之一是向他人再次呈现、解释材料。在合作学习教学中为学生互教互学提供大量的机会,使他们在交互作用中对学习材料进行了一次精加工,同时他们还能从同学身上学习到处理材料的方法。

2.合作学习教学模式的教育学理论基础

(1)建构主义学习理论

建构主义也称为结构主义。建构主义学习理论认为:学习过程不是学习者被动地接受知识，而是积极地建构知识的过程；学习不单是知识由外向内的转移和传递，更是学习者主动地建构自己的知识经验的过程。学习的结果不是学生接受了知识，而是学生个体知识经验得到了改组。学生在教学情境中并不是被动地接受或服从，而是在已有经验基础上，对来自外部的教学影响的主动建构。知识不仅仅是个体在与物理环境的相互作用中建构起来的，社会性的相互作用同样重要，甚至更加重要。学习环境需要合作与交互的氛围。基于这种对学习的理解，建构主义学习理论非常强调主体与周围环境的交互作用，认为这种交互作用对于学习内容的理解，即对知识意义的建构起着关键性的作用。学生在教师的组织和引导下在小组内一起讨论和交流，共同建立起学习群体并成为其中的一员。在这样的群体中取长补短，共同分析和评论，共同提高和进步。通过这样的小组合作学习建立真实的学习情境，参与团体性的实践，使学习者在与学习团体的广泛交往中，建立起知识和技能，建立起个体对自我的广泛的社会认同。

(2)人本主义教学思想

人本主义教育理论认为：教学活动应以学生为中心，教师的主要任务是帮助学生理解经常变化的环境和自己，帮助学生最大限度挖掘自己的潜能。其代表人物美国教育学家罗杰斯认为：学习和自我的关系十分密切，人的主动性是通过内部控制才得以实现的。合作学习正是要创造这种有利于挖掘学生潜能的学习情境，从而使学生的自主性学习能力得到充分发展。

(3)课堂教学理论

任何教学活动都是由教师的教和学生的学所组成的一种双边活动，教师在教学中处于“主导”地位，学生则处于“主体”地位。只有全面调动学生的学习积极性，才能充分发挥教师的主导作用，提高教学的质量。①

3.合作学习教学模式的体育学理论基础

学生掌握任何技术动作都需要经历一个由不会到会，由不熟练到熟练，

---

① 张春兴.教育心理学[M].杭州：浙江教育出版社，1998：116.

由不巩固到巩固的发展过程。这一过程有自己的发展规律,可分为“泛化”“分化”“巩固”“自动化”四个时相,但每个时相并不能严格区分开来,而是相互联系和相互交错的,共同构成一个统一完整的过程,是波浪式的前进,螺旋式的上升。不同阶段的技能学习各有特点,在动作技能教学中,根据动作技能形成的不同阶段而采用不同的教学模式与训练方法,才能收到事半功倍的效果。

(二)合作学习教学模式的优势

1.合作学习教学模式与传统接受式教学模式

合作学习教学模式与传统接受式教学模式有着明显的不同,合作学习着眼于改变学生传统的、被动的、接受式的学习方式,开创积极的、主动的、开放式的学习方式。既保障了教师在教与学的过程中的主导地位,充分发挥教师的作用;又为学生营造了一个良好的、合作的学习氛围,以促进学生的全面发展,培养学生健全的个性。许春妮在她的硕士毕业论文《合作学习在中学化学教学中的应用研究》中对合作学习教学模式与传统接受式教学模式做了如下比较(见表3-1)。

表3-1 传统接受式教学模式与合作学习教学模式的比较

	传统接受式学习	合作学习
目的	掌握知识、技能	培养高水平的思维和各方面的能力
内容	学科知识,主要是课本	学科知识,包括生活知识、社会知识
知识来源	课本、教师	课本、教师、同学、图书馆、网上信息
方法	单一且长久不变	灵活且随任务和需要的不同而不同
组织形式	课堂教学	课堂教学与小组活动有机的结合
任务	事先决定的、全班统一的	由教师设计、学生自由选择
人际交流	单向或双向交流	组内或组间双向或多向交流
学习结果	作业、考试成绩	作业、考试成绩、书面报告、语言表达
教师角色	主导、决定、控制于一体	参与、组织、协调、帮助、指导
评价方式	定量评价、注重结果	定量与定性评价、既重结果又重过程

从表3-1可以看出,合作学习教学模式与传统接受式教学模式相比较主要体现出以下优势:

(1)先进的目标观

合作学习其主要的教学目标是使学生的运动技能得到提高的同时,培养学生的合作精神、意识、技巧及社会适应能力,注重学生情感的培养及高水平的思维和各方面的能力,使学生的知、情、意、行得到全面发展。正如合作学习的研究者所讲的那样:在教学目标上,注重突出教学的情意功能,追求教学在认知、情感和技能目标上的均衡达成。而传统学习仅仅强调通过运动技术的学习达到掌握知识与运动技能的目的。

(2)丰富的形式观

合作学习采用了班级授课(课堂教学)与小组活动相结合的教学组织方式,兼顾了学生个体性与集体性的双重特征,把个别化与人际互动有机地结合在一起,强调以集体授课为基础,以合作学习小组活动为主体形式,力求体现集体性与个体性的统一。合作学习中的课堂讲授是以合作设计为基础的,讲授过程也力求简要清晰,时短量大,高效低耗,有着较强的研究性、探索性,同时为小组活动留有足够的空间。

(3)特有的情景观

合作学习者认为,组织学生学习的情境主要有竞争性的情境、个体性的情境、合作性的情境三种。在合作性的情境中,学生在既有利于自己又有利于他人的前提下进行学习。在这种"双赢"的情境中,学生会意识到个人目标与小组目标之间是相互依赖的关系,只有在小组其他成员都成功的前提下,自己才能获得成功,小组成员之间是"荣辱与共"的关系。在一个理想的课堂里,所有的学生都能学会如何与他人合作,为趣味和快乐而竞争,自主地进行独立学习。……合作学习并不排斥竞争与单干,在适合时宜时,竞争和个体活动能够增益于合作学习。[①]也就是说,合作学习在突出合作的主导地位的同时,并没有否认竞争与个人活动的价值,而是将之纳入了教学过程

① 王慧.探索合作学习模式在高中信息技术教学中的应用[D].山东师范大学,2009.

之中，使它们兼容互补，相得益彰。合作学习将合作、竞争和个人行为融为一体，并进行优化组合加以利用，符合教学规律和时代的需求，是对传统教学中单一竞争格局和教学情境的重大变革。

（4）合理的评价观

传统的教学评价强调的是常模参照评价，关注个体在整体中的位置，热衷于分数排队，比较强弱胜负，是一种定量评价，仅仅注重结果。合作学习将常模参照改为标准参照评价，把个人之间的竞争变为小组之间的竞争，把个人计分改为小组计分，把小组总体成绩作为奖励或认可的依据，形成了“组内成员合作，组间成员竞争”的新格局，使得整个评价的重心由鼓励个人竞争达标转向大家合作达标，做到定量与定性评价相结合，既重结果又重过程。

（5）融洽的气氛观

融洽的学习气氛能增进学生间的感情交流，改善他们的人际关系。在合作学习所营造的特殊的合作、互助氛围中，组内或组间形成双向或多向交流的局面，同学们在朝夕相处的共同学习与交往中，增进了彼此间的感情交流，培养了彼此间的合作精神与意识。

2.合作学习教学模式与传统小组学习教学模式比较

传统小组学习，就是指在某一学科或某一学科组的教学中，教师根据教学工作的需要，按一定的标准（如年龄、学习兴趣、学习能力或学科等）简单地把学生编入一定的学习小组里，然后分给每个学生以一定的学习任务，让学生在一起学习。这种教学形式被称为传统小组学习。传统小组学习实际上是一种分组教学，其目的是以最佳方式为学生提供各种学习与锻炼的机会，使教学效果达到最优化。

根据合作学习的五要素理论（积极的相互依赖、面对面的促进性相互作用、个体责任、人际交往技能、小组加工）可知传统的小组学习与合作学习有着本质上的区别。把几个学生集中起来，安排在一个教室里让他们学习同一内容，这是小组学习，但它并不一定是真正意义上的合作学习。让一些人在一起学习，这样的小组也并不一定就是合作学习小组。只有当合作学习的五个要素在小组学习的过程中完全得到贯彻和落实时，有效的合作学习活动才能发生，它的教学效果才能得到充分的体现。可见，合作学习区别于传统小组学习的一个最明显特征就是对决定合作性学习效果的五要素的认真贯彻。合作学习理论的代表人物约翰逊兄弟在其专著《共同与单独学习——合作、竞争与个体学习》一书中从合作性学习的五要素方面进行了比较（见表3-2）。

表3-2 传统学习小组与合作学习小组的比较

传统学习小组	合作学习小组
低（或较低）的相互依赖，小组成员只对自己负责，关注的焦点只是在个体成绩上	高（较高）的相互依赖，小组成员不仅对自己负责也对其他人负责，关注的焦点是整个小组将要达到的成绩
只存在个体的个人责任，个体只对自己负责	小组责任和个体责任都存在，为了获得更高的绩效，小组成员对其自己和其他成员负有责任
在讨论的任务中，彼此很少有促进学习的义务（责任）	成员彼此相互促进成长，实现学习目标，帮助与支持彼此的学习
团队合作技能被忽视，指定一个负责小组学习导向的领导	强调团队合作技能，教授小组成员运用社交技能，所有成员共享领导
无学习质量的小组进程，对个体所达成的学习目标进行奖励	有学习质量的小组进程，成员将有效地共同学习，强调持续不断提高学习的质量

从小组组成及活动来看，传统小组（如兴趣小组）往往是同质小组，而合作学习小组则主要是异质小组。异质小组通常是由性别、学业成绩、能力倾向、民族等方面不同的成员构成，成员之间存在着一定的互补性。同时，全班各合作学习小组之间又具有同质性。组内异质为互助合作奠定了基础，而小组间同质又为保证全班各小组间展开公平竞争创造了有利条件。

从教师在学习过程中所承担的任务和角色来看，在传统小组学习中，教师作为知识的“权威”而存在，教学的任务和重点是在“教”的过程上，很少对学习的“学”的活动进行观察与干预。在合作学习中，教师不仅要管“教”，同时还管“导”，既要进行讲授，激发学生的学习兴趣和学习动机，促使每个学生都最大程度地获得发展，又要善于跟学生进行交流，协调各小组的活动，对学生和小组进行认可或奖励。教学的重点转移到学生的“学”这一面，教师指导并介入小组活动使得教师的角色发生重大变化。教师成了“管理者”“咨询人”“活动的参与者”，而不再以“知识权威”“知识裁判”“知识信使”自居。

从学习的时间分配来看，在传统小组学习中，学习的全部时间是用在学习具体材料和内容上，教师和学生没有安排必要的时间来对学习成绩的高低和学习方法的好坏进行评议。在合作学习小组中，教师为学生安排了必要的活动和时间用于学生开展小组评议，通过评议，分析小组是否发挥了良好的作用，各个成员是否运用了协作技能来促进学习及维持组内良好的合作关系。

通过以上比较可知，合作学 习与传统的小组学习有着非常明显的差异。中国学者盛群力把合作学习归纳出十大特征：①组内异质，组间同质；②目标依赖，利益一致；③责任明确，义务感强；④参与度大，沟通面广；⑤集体奖励，共享成功；⑥公平竞争，合理比较；⑦角色轮换，分享领导；⑧既有“帮助”，又有“协同”；⑨过程评议，注重实效；⑩学生自主，老师促进。[①]

这两种学习模式也有很多共同的地方，第一，就是学习活动都是以小组的形式来展开的，它们都是按一定的标准来把学生编成一定的学习小组来组织学生进行学习活动，其目的都在于以最佳的方式为学生提供各种学习机会，使教学效果达到最优化。第二，它们都强调发挥学习者在教学活动中的主体性作用，都具有自主学习、探究学习的特征。第三，这两种学习都采用集体教学与个别教学相结合的方式，在一定程度上是对班级授课制度的变革与创新。

① 盛群力，金伟民．个性优化教育的探索[M].北京：人民教育出版社，1996：154-159.

二、合作学习教学模式在体育中的应用

(一)构建大学生为主体的学习共同体

所谓学习共同体是为完成真实任务/问题,学习者与其他人相互依赖、探究、交流和协作的一种学习方式。在高校体育教学中构建学习共同体,就是要突出大学生的学习主体性,促进大学生主体、大学教师主体等各类主体之间相互依赖,通过交流与协作完成教学目标,实现大学生的发展。

1.高校体育教学中学生的主体地位

要改变高校体育教学中的问题,必须突出大学生在体育锻炼中的主体地位,提升大学生的学习主体性,增强大学生参与体育活动的主体意识和创新能力,主动地、创造性地获取运动经验,并促进生理反应、身体素质和心理倾向性的较持久的变化。

当代大学生中有一部分人参与体育锻炼的主体意识非常淡薄,这类人群包括部分女大学生和运动能力差的学生。因此,学校要增强大学生体育运动的主体性,首先就要激发他们的主体意识,使他们形成参与体育活动的内驱力,在相应的活动内都表现出一种稳定的心理倾向。让体育活动、体育锻炼成为他们生命的存在形式,成为他们稳定的内在需求。当所有的大学生都自觉自愿地组织并参与多彩的体育活动时,当体育锻炼成为大学生文化的必要组成时,高校体育教学的使命才能真正达成。

2.高校体育教学中教师的主导地位

在高校体育教学中发挥学生的主体地位,并不是意味着教师地位的降低,而是将教师的主体性转变为主导性,建立一种教师为“主导”学生为“主体”的教学模式。大学阶段是大学生人生中的重要转折阶段,教师对于引导学生一生的发展都有着不可忽视的作用。如果没有体育教师的参与和引导,大学生的体育活动就没有明确的方向性、不能保证学生掌握体育基础知识和基本技能、不能打通大学生的知识世界与生活世界、不能保证大学生的

合作能力和创新能力等多种能力的健康发展。由于大学生的年龄特点,大学生的各项学习和活动的开展仍需要教师的监督,比如学习主动性和积极性的激发。教师的主导地位并不意味着教师在教学过程中是“给予者”“决定者”等角色,而是“激发者”“促进者”“协调者”“辅导者”等角色。

3.促进高校体育教学中主体间的交往与合作

将高校体育教学置于主体间的范畴下探讨具有时代意义。主体间教育指在教育、教学活动中,和谐共处的教育主体共同作用于教育客体而构建的主体间的关系属性。在高校体育教学中建构主体间的关系,主要指的是学生与教师主体间、学生与学生主体间的交往与合作。一方面,体育活动的顺利进行并非取决于运动项目本身的特点,而是取决于活动主体之间的关系。在体育课堂上、在课外体育活动中,只有教师与学生都主动地进行交流与合作,通过良好的交往与合作,才能达成共识、增进理解、促进融合。另一方面,体育活动中师生之间的交往建立在传递基础知识和基本技能的基础上,教师还应帮助主体间建立情感、信念、意志、道德等方面的共识。

4.高校体育教学由课堂内向课堂外的延伸

高校体育教学不仅包括体育课堂内的活动,而且也包括大学生在大学校园生活中自觉、自发、自愿地组织和参与的各类体育活动。这实际上是终身体育理念的一个组成部分,即促使大学生的学习由课堂内的知识世界转向课堂外的生活世界。要通过这种延伸实现两种目标:心理健康目标和社会适应目标。心理健康目标包括:大学生能根据自己的能力设置体育学习目标;自觉通过体育活动改善心理状态、克服心理障碍,养成积极乐观的生活态度;运用适宜的方法调节自己的情绪;在运动中体验运动的乐趣和成功的感觉。社会适应目标包括:表现出良好的体育道德和合作精神;正确处理竞争与合作的关系。

(二)基于活动的合作学习方式

合作活动学习就是以合作为学习生命的存在形式、以活动为学习生命的优化形式的多样合作与多样活动融合创新的教学实施方式。在高校体育教学中实施合作活动学习，就是要建立一个完整的教学过程，形成一种新的教学实施形式，包括学习目标具体化、学习内容结构化、学习过程协作化、学习环境生态化和学习结果反馈化等五个方面。其操作体系以学生交往的内外活动为主。

1.学习目标具体化——设定合作基调

学习目标具体化，是指在学习活动开始前就应预设并明确活动结束时可能产生的结果或行为。在体育教学的合作活动学习中，体育教师和大学生这两类主体应该在活动开始前，设计明确的知识目标、技能目标、情感目标等教学目标，且要明确设定体育活动的合作基调。体育教学的过程和结果与普通文化课的教学有很大区别，体现在教学环节的连续性、课堂活动的主体参与性以及教学效果的实时反馈。

高校体育教学要实现两种任务，即促进大学生的身体发展和促进其心理发展的双重任务。在此基础上，编制高校体育教学中的五领域学习目标。

①运动参与目标：学生应积极参与各种体育活动并基本形成自觉锻炼的习惯，基本形成终身体育的意识，能够编制可行的个人锻炼计划，具有一定的体育文化欣赏能力。无论是课堂内的体育活动，还是课堂外以学生为主体组织的各类体育活动，除了要实现上述基本目标之外，教师还应使学有余力的学生和有某些运动特长的学生的锻炼习惯、健身运动计划、体育文化素养和观赏水平进一步得到提升。

在运动参与目标的指导下，课堂内外的各项活动均应围绕着培养和激发大学生的参与意识和主体意识来展开，而且这类活动要以主动参与合作型的集体活动为基调。因此，教师应突出参与合作活动的目标并加以详细说明，形成体育教学活动化、合作化的模式。

②运动技能目标：学生应熟练掌握两项以上健身运动的基本方法和技能；能科学地进行体育锻炼，提高自己的运动能力；掌握常见运动创伤的处置方法。在此基础上，同样要使学有余力的学生和有某些运动特长的学生积极提高其运动技术水平、发展运动才能、参加有挑战性的体育活动，如野

外拓展活动、运动竞赛等。

教师要使学生明确运动技能的形成并不能只靠自己来完成，而是要通过与其他主体的交流、互动与密切合作才能实现。运动的魅力来自其主体之间、主体与客体之间的交往。因此，高校体育教学的运动技能目标中应突出通过合作发展运动技能的特点。

③身体健康目标：学生应能测试和评价体质健康状况，掌握有效提高身体素质、全面发展体能的知识与方法；能合理选择人体需要的健康营养食品；养成良好的行为习惯，形成健康的生活方式；具有健康的体魄。

④心理健康目标：学生应根据自己的能力设置体育学习目标；运用适宜的方法调节自己的情绪；在运动中体验运动的乐趣和成功的感觉。

体育活动、体育锻炼除了对人身体素质的提高和发展之外，最重要的贡献在于其对人的心理因素的影响。高校体育教师有责任引导学生提高其对运动的热爱，使学生形成对生活的积极乐观的态度，提升学生不畏艰难险阻的顽强意志品质，通过运动来释放和调节自身的各种压力，通过彼此的交流与合作提升大学生对社会群体生活的适应，让学生体验到运动的魅力并养成自觉自愿锻炼的习惯，使之成为其生命的组成部分。

⑤社会适应目标：表现出良好的体育道德和合作精神；正确处理竞争与合作的关系。

大学生在结束学习生涯之后所面对的社会生活，充满着激烈的竞争，而同时却也只有良好的主体间合作才能使结果最优化、利益最大化。因此，通过体育活动，让大学生明白竞争是活动的重要形式，它可以激发各主体的主动性、调动各自的积极性和强烈的求胜欲望，有利于最大限度地激发主体的潜能、提高学习与工作的效率，有利于促使主体在竞争与比较中客观地进行自我评价，发现自己的局限性并加以改进和提升。合作是活动的基本形态，只有各主体间发生良性的合作，才能使得活动整体呈现出良好的态势，促使团队集体价值的实现。

总之，教学目标决定着教学内容的选择和各个内容模块的分量，决定着教学评价的方式。

2.学习内容结构化——以任务为导向

以任务为导向，即在体育教学中建立问题解决模式，使学生从做中学，保证大学生拥有与利用丰富的学习机会，真正获得学习经验。问题解决模式是多种具体教学方式的集合体，包含着“以问题为定向、以探究为过程、以解决为目的”的共同特征。

以任务为导向的学习还包括学生走出课堂、走出教学场域、走向校园、走向社会、回归生活世界。通过同伴活动、社区活动等其他社会活动，主动建构认知结构，完善大学生的心理适应能力，提高心理健康水平，塑造整体人格。

未来，高校体育教学的重要转变就在于改变学生的学习内容和学习方式，真正使大学生的体育锻炼以活动为主要形式、以任务/问题解决为主要内容。结构化指的是课堂内和课堂外均要形成大学生解决问题的活动方式和内容。

3.学习过程协作化——掌握合作技能

教师应使整个学习过程在基于活动的合作中进行，建立高校体育学习共同体。教师是体育活动的“观察者”“激发者”“促进者”“协调者”“辅导者”等角色，而学生是学习的主人，可以决定学习的内容、学习的方式、学习的环境等，师生之间是民主、平等和合作的关系。通过师生之间、同学之间建立良好的合作，促使大学生发展其运动参与性、运动技能、身体素质、心理健康和社会适应性。

4.学习环境生态化——走向生活世界

合作活动学习要为高校体育学习共同体创设一个生态化的体育学习环境。在这个生态化的学习环境中，教师应为大学生提供足够的“学习化”的课程资源。在高校体育活动中，大学生的学习面临着两种基本的关系：与自身的内在关系和与社会的外在关系。与自身的内在关系是指大学生应对内建构独特的自我经验,与社会的外在关系是指大学生在合作活动中建构社会经验。因此合作活动学习的生态化环境就有两种相互关联的基本形式:内生的自我环境和外在的文化环境。自我环境包括神经生理基础和心理人格结构与特质,外在的文化环境包括作为"个"与"类"的人以及作为文化的物。

在打通知识世界和生活世界的过程中,教师应使大学生实现心理健康目标,即能根据自己的能力设置体育学习目标;运用适宜的方法调节自己的情绪;在运动中体验运动的乐趣和成功的感觉。还要实现社会适应目标,包括表现出良好的体育道德和合作精神、正确处理竞争与合作的关系。

5.学习结果反馈化——提高活动质量

在合作活动学习中,教师担负着"观察者"的职责,在学生的合作活动中仔细观察、适时介入、整体监控,以帮助学生实现顺畅的交流与合作。体育教师应随时发现大学生在活动中的困难和问题,并指导他们找到相关信息,减轻或消除活动中的消极因素,展示要完成的任务范例,示范怎样实现小组目标。

第三节 俱乐部体育教学模式

一、"体育教学俱乐部"概述

(一)"体育教学俱乐部"概念界定

俱乐部一词源于欧美,亦称总会,为社会团体及公共娱乐场所的总称。在中国一般将各种文化娱乐、体育活动等场所也称为俱乐部。

根据美国经济学家J.M.布坎南在20世纪60年代《俱乐部的经济理论》中提出的俱乐部理论和由王同亿主编翻译的《英汉辞海》上册对俱乐部所作的定义,可将俱乐部主要特点概括为:俱乐部有一定的地理区域范围,该区域范围内存在着有一定关系的人群,俱乐部具有相对的独立性,成员拥有相对一致的利益,某些需求可在俱乐部中得到满足。中国上海辞书出版的《辞海》对俱乐部的解释为:机关、团体、学校中文化娱乐场所通称。

由于体育俱乐部的多样性和复杂性,明晰体育俱乐部的概念显得更加重要。体育俱乐部大体上可分为业余、职业和商业三大类。[①]业余体育俱乐部是一个非营利性的、业余的、自愿的、自治的群众性体育组织。体育俱乐部是一种社会组织,是"人的集合";是从事体育活动的社会组织,是自发的社会体育组织,是一种由社会兴办的开展体育活动的基层组织。体育管理部门对体育俱乐部界定为:体育俱乐部是指由企事业单位、社会团体和公民个人利用非政府财政拨款举办的,以开展体育活动为主要内容的基层体育组织。[②]

学校作为一个非营利的实体,应归到业余体育俱乐部这一类别中。体育课程既要突出课堂教学,又要服务于课外活动。学校体育的主要形式是体育教学,以体育俱乐部形式进行教学,应该遵循教学的规律,即在教师指导下,自由选择项目、教师、上课时间。具有共同体育锻炼爱好的大学生基于生理、心理、社会和自我完善等需要,以素质教育、健康教育为目标,以学校体育场馆为依托,围绕着某一运动项目,从大课程观出发,把体育教学、课外体育活动、群体竞赛、运动训练四者有机地融为一体并纳入课程之中,成为一种综合的体育教学形式,将其界定为"体育教学俱乐部"。

(二)"体育教学俱乐部"的特点

1.明确的培养目标和指导思想

高校体育教学俱乐部以终身教育为目标,要求每一个学生要学会进行自我锻炼、自我诊断、自我评价。体育教学俱乐部模式结合高校体育教学实用性、多样性、社会性、娱乐性的特点,以终身体育为指导,把增强学生体育锻炼意识,掌握体育锻炼技能、方法,养成锻炼习惯,提高身心健康水平及社

① 蔡俊五.世界体育俱乐部制[M].北京:中国大百科全书出版社,1995:11.

② 陈秀娟.对我国高等院校体育俱乐部的研究[J].体育成人教育学刊,2007(03).

会适应能力作为教学的出发点和目标。立足“课内增知，课外强身”的指导思想，体现“以人为本”的教育思想，围绕运动参与目标、运动技能目标、身心健康目标、心理健康目标和社会适应目标开展体育活动。

2.新颖的教学组织形式

体育教学俱乐部打破了年级、专业限制，按学生需求和水平分层教学，教师按项目分A、B、C三个级别进行教学，这样既发挥了教师的专项特长，又有利于学生最佳情感的体验，符合因材施教的原则，是对学生最适宜的教学组织形式。

3.会员制度

会员制要求学生在交纳一定的会费的情况下才能加入俱乐部，享受会员待遇，并以此来维持俱乐部日常的正常运转，这在一定程度上也引导了大学生的体育消费价值观的转变，使学生逐步形成“花钱买健康、花钱买娱乐”的习惯。通过会员制度更有利于教学和管理，提高教学质量。

4.体育教师的专业特长得到了充分发挥

在传统的体育课中，体育教师要根据教学大纲中的内容，上不同类型、不同项目的体育课，在实际教学中有些教师感觉到难以胜任，既保证不了教学质量，也影响了体育教师在教学中的主导地位的发挥。通过俱乐部进行教学，体育教师能充分发挥自身专项特长，在学生中建立了良好的形象，发挥了教师在教学中的主导地位，提高了教学质量。调查发现，课外单项体育俱乐部或一些体育协会的指导教师都是各个专项中最具说服力的老师，如曾经获得过全国赛的冠军，这些教师在学生的心目中具有较高的威信，教师的人格魅力也在吸引着学生参加俱乐部的活动。另外，教师之间也充满竞争性。从选课、择师到择教的机制看，学生的选课、择师完全是动态的，学生对教师的择教也是随机的，学生对教师的满意度是作为教师考核的主要依据，这样教师不仅要成为某一项目的专家和权威，而且还要掌握几种体育运动技能。

5.学生参与教学与组织管理

体育教学俱乐部把学生的兴趣爱好放在第一位，在强调教师主导地位的同时，更加注重学生主体地位的发挥。把组织、管理、活动等权力交到学生手中，提高了学生学习的积极性、增加了学生学习的主动性。教师在进行体育教学时让学生参与其中，不仅培养了部分体育骨干，更重要的是让学生掌握了体育锻炼的方法、养成了体育锻炼的习惯，让学生的能力得到提高。教师用课堂上所掌握的体育锻炼的手段、方法去指导课外体育锻炼，在体育教学中实现了有形效果和无形效果的统一，教育的短期效应和长期效应的统一。

6.课内外一体化，拓展体育时空

体育教学俱乐部模式是以传授理论知识、培养兴趣、增强体育意识、掌握运动技能为主，是实现体育课程目标的有效方式。对学生而言，课内学习运动和技能，课外通过课内所学知识去指导课外实践，并在老师、体育专业高年级学生或体育骨干的帮助下，通过参与俱乐部组织的各种锻炼以及形式多样的校内外群体竞赛活动，获得体育运动的乐趣，提高运动技能，养成锻炼习惯，实现课内外一体化，拓展体育时空。形成以“热爱体育、参与体育、享受体育”为主旋律的校园体育文化。

二、体育教学俱乐部模式的构建

中国高校公共体育教学改革应树立整体改革的观念，首先要确立“健康第一”“终身体育”的思想，把增进学生身心健康，培养学生的健身意识和健康的体育生活方式作为主要目标，促进学生全面发展。针对中国国情，根据大课程观及当前公共体育课程改革的发展趋势，在原有体育教学俱乐部模式的基础上对课程模式进行了重新梳理，提出了新的发展思路，即弹性体育教学俱乐部模式。

弹性体育教学俱乐部模式吸收了国外体育教学俱乐部课程模式的优点，以“健康第一”和“终生体育”为目标，有针对性地解决体育教学俱乐部在实施中遇到的问题，以便更好地适应体育课程改革的需要。这种课程模式是动态的，并且有个可伸缩的区间，以使体育教学俱乐部在实施中更具适应性和可操作性。

（一）弹性体育教学俱乐部模式的构建

基础现实差异、教育理论和课程政策构成了弹性体育教学俱乐部模式构建的主要基础。

1. 现实差异基础

中国与国外在社会环境、经济状况、文化背景、教育条件和水平存在着明显的差异性、特殊性和不平衡性。而把体育教学俱乐部放在中国这样一个地域辽阔、民族众多的环境下，各个地区的社会环境、经济状况、文化背景、教育条件和水平同样具有差异性、特殊性和不平衡性。正是这些差异性、特殊性和不平衡性对体育课程提出来不同要求。因此，弹性体育教学俱乐部模式的构建，必须在对各个地区现实的基础上进行认真研究，以切实增强体育课程对地区的适应性。不同地区的差异进一步导致了学校之间的差异，甚至同一地区的学校也可能存在着差异性，这些差异主要体现在培养目标、师资构成、场地器材、教学条件和学生的体育基础上。因此，弹性体育教学俱乐部模式的构建，必须考虑到学校的差异，以增强体育课程对学校的适应性。

弹性体育教学俱乐部模式的构建是一种对象性实践活动，其最终目的是促进学生健康发展及体育习惯、终身体育养成。教育的对象是学生，学生差异是弹性体育教学俱乐部模式构建的主要基础。学生在体育态度、基础、身体素质以及学习动机等方面存在差异，这些差异尤其在大学阶段更为明显。随着心理的成熟，学生开始形成稳定的爱好和兴趣，并能够选择一两项适合自己的运动项目，为终身锻炼打下基础。

2. 教育理论基础

21世纪科学人文主义教育观以科学主义为基础，以人文主义为价值取向，这种教育观念反映在教学实践上，必然是把“学会做人”和“学会做事”结合起来。[①]在科学人文主义教育观指导下，体育课程模式的指导思想应该面向全体学生，立足“健康第一”；教学目标应该阶段目标与长期目标相结合，并着眼于长期目标；管理体制上应向学生自主、自觉锻炼转变，从学校、教师统一管理到学生自主管理过渡；内容上应体现实用性、可行性、娱乐性、健身性等特点，立足于全民健身、兴趣培养、终身体育的需要。

当今时代，世界各国课程改革的一个共同趋势就是谋求科学世界向生活世界回归，实现科学世界与生活世界的融合。当这种时代精神具体渗透到体育教育领域的时候，就意味着大学体育应把确立“主体教育观”作为改革的一个重要使命。“主体教育观”有两个基本内涵，首先，人是主体，教育应当尊重并提升人的主体性，培养具有主体性的人，人与人的关系是主体与主体之间的关系——“交互主体的关系”。在教育中，教师和学生这两类主体通过交往而形成共同体，教师与学生之间自然也是交互主体的关系，通过师生持续交往而培养具有主体性的人，这是教育的直接目的和内在价值。其次，教育要回归生活世界，回归生活世界的教育在社会中具有主体地位。对弹性体育教学俱乐部模式，应贯彻“主体教育观”理念，从课程设置、教学内容、教学方法及评价体系上体现“以人为本”，真正做到让学生成为学习的主人。

3.课程政策基础

教育部颁发的《学校体育工作条例》指出，体育课教学应当遵循学生身心发展的规律，教学内容应当符合教学大纲的要求，符合学生年龄、性别特点和所在地区地理、气候条件，体育课的教学形式应当灵活多样。教育部关于印发的《全国普通高等学校体育课程教学指导纲要》指出，学校应根据学生的特点以及地域、气候、场馆设施等不同情况确定课程内容，课程内容应力求丰富多彩，为学生提供较大的选择空间。要注意课程内容对促进学生

---

① 周登嵩，李林，陆作生.体育教学人文性的思考[J].体育科学，2002(5).

健康发展的实效性，并注意与中学体育课程内容的衔接。教学内容应与学科发展相适应，反映本学科的新进展、新成果。要以人为本，遵循大学生的身心发展规律和兴趣爱好，既要考虑主动适应学生个性发展的需要，也要考虑主动适应社会发展的需要，为学生所用，便于学生课外自学、自练。弘扬中华民族传统体育，汲取世界优秀体育文化，体现时代性、发展性、民族性和中国特色。各校应根据本纲要和学校的实际情况制定教学大纲，自主选择教学内容，有的放矢地进行教学改革和试验，加强教学过程控制。要把有目的、有计划、有组织的校内体育锻炼、校外（社会、野外活动）、运动训练等纳入体育课程，形成课内外、校内外有机联系的课程结构，更提出应面向全体学生开设多种类型的体育课程，打破原有系别、班级建制，满足各种类型学生的需要。学生实行“三自主”，可自主选择课程内容，自主选择任课教师，自主选择上课时间，所有这些课程政策，为中国弹性体育课程的构建指明了方向、创造了契机、奠定了基础、提供了保障。

（二）体育教学俱乐部弹性化的含义

体育教学俱乐部是高校课程改革的一大趋势，而体育教学俱乐部弹性化则是当前课程发展的新趋势，它是多种因素交互作用、协调融合的结果，是复杂的体育教育现象，需要从多个向度揭示其丰富的内涵。在这里，从体育教学俱乐部发展向度、体育教学俱乐部项目向度、体育教学俱乐部对象向度对体育教学俱乐部弹性化的含义做出分析。

1.体育教学俱乐部的发展向度

这是从宏观上对体育教学俱乐部弹性化做出整体性的分析。体育教学俱乐部弹性化作为体育课程发展的一种运动过程，从宏观上体现了体育教学俱乐部课程模式不断完善和发展的动态过程。

2.体育教学俱乐部的项目向度

这是从体育课程编制具体项目角度对体育教学俱乐部弹性化做出局部性的分析。

(1)体育教学俱乐部管理弹性化

体育教学俱乐部管理弹性化,打破了原有体育课程模式由学校统一统筹规划的单一管理模式,促进体育教学俱乐部课程管理的灵活性,促进体育教学俱乐部课程决策的民主性,积极推进体育教学俱乐部课程的多级管理体制。

(2)体育教学俱乐部目标弹性化

大学公共体育课程,应充分考虑社会发展对人才需求的多样性、地区间经济文化的差异、不同办学模式学校的特点、学生的个体差异,所有这些都决定了体育教学俱乐部课程不能对所有地区、所有学校、所有学生提出完全相同的目标,而应综合考虑地区、学校和学生的具体差异,提出弹性课程目标。

(3)体育教学俱乐部内容弹性化

在学校条件允许的情况下,不同地区可根据本地的经济水平、文化背景、教育状况来选择适合本地的体育教学俱乐部课程内容;不同模式、不同层次的学校可根据本校的办学目标、教学条件、师资情况、学生身体素质,选择相应的课程内容;学生可根据自己的兴趣、爱好选择适合自己的课程内容。

(4)体育教学俱乐部实施弹性化

体育教学俱乐部实施弹性化在一定程度上可以理解为体育教学的弹性化,即教师依据学校办学方针、场地设施条件,并结合自己的专项,针对学生的具体情况,针对性地选择教学内容,创造性地设计教学活动,灵活性地处理教学过程。

(5)体育教学俱乐部评价弹性化

体育教学俱乐部弹性化主要包括以下几点:一是评价主体多元化,即评价的主体不再局限于教师的评价,学生也是评价的主体,如学生的自我评价和对他人的评价;二是评价内容多样化,即评价不再唯一指向学生运动技能的学习,也指向体育教学俱乐部课程本身和教师教学,还包括学生的出勤率、学习态度、学习能力等;三是评价方式多样化,如评价学生的体育成绩,除掌握基本运动技能以外,学生自编动作、交流讨论等都可作为学习的评价方式。

3.体育教学俱乐部的对象向度

体育教学俱乐部模式发展是一种对象性的实践活动,对不同体育课程对象而言,体育教学俱乐部弹性化的内涵也不同。

①地区。对地区而言,体育教学俱乐部弹性化是指各地区在《全国普通高等学校体育课程教学指导纲要》的基本要求下,结合本地经济水平、文化背景、体育教育水平,选择具有地方特色的体育项目。形成与学校传统和文化相融合的体育教学特色。

②学校。对学校而言,体育教学俱乐部弹性化是指学校在《全国普通高等学校体育课程教学指导纲要》的指导下,根据学校的办学方针、师资情况、体育场地设施情况等来制定学校的体育课程整体目标和阶段目标。充分利用学校的人、财、物资源,开设尽可能多的运动项目,向学生展示出体育的丰富多彩和愉悦身心的魅力。

③教师。对教师而言,体育教学俱乐部弹性化在一定程度上等同于体育教师教学活动的创造性。如合分班授课、分层教学、分组教学或个别教授的形式照顾学生体育学习的差异;根据学生体育学习水平的层次差异,安排不同程度的体育活动;对学生进行课外辅导,以增强学生体育学习的兴趣。

④学生。对学生而言,体育教学俱乐部弹性化是指学生根据自己的能力、需求、兴趣、爱好及已有的知识基础来选择不同的体育课程项目,以适应自身发展的需要。

(三)弹性体育教学俱乐部模式的发展思路

1.弹性体育教学俱乐部模式的管理机制

建立一种给体育活动一定伸缩性的管理制度。

(1)外部管理

制定管理制度涉及学校的方方面面,所以仅靠学校的体育教学部门去管理是不能解决众多问题的,需要学校的各部门共同支持与配合。学校应制定《大学生体育教学俱乐部管理条例》,这是最基本的管理制度,在管理条例中要明确体育教学俱乐部的管理方针，加强学校对体育教学俱乐部的宏观管理，同时要寻求校团委、体育部(室)、大学生体育运动委员会、学生工作部等部门参与到体育教学俱乐部的管理中，形成齐抓共管的局面。

对于经济较为发达地区的学校，其管理体制相对比较健全，各项规章制度相对也比较健全、完善。因此，要继续强化体育教学俱乐部的管理体制，让学生能够在俱乐部活动中得到锻炼和提高。真正实现“学生积极参与，学校尽力配合”的管理功能，在管理方面真正做到走“自我管理、自我发展、自主运作”的发展道路。对于经济相对欠发达地区的高校，其应加强学校的管理功能，因为现行体育教学俱乐部的运作起初主要由学校来推行，今后的俱乐部管理工作应该逐步下放给学生，让学生进行全方位的管理，这有利于学生适应能力、管理能力、组织能力的培养，促进其综合素质的提高。

(2)内部管理

由于参加体育教学俱乐部的学生身体素质及运动水平参差不齐，所以建立健全俱乐部内部的规章制度，加强内部管理是非常必要的。但在具体的实施中不能完全依靠学校的管理，要具有一定的灵活性，真正让学生的主体地位在体育教学中得到发挥。就目前而言，各高校应按照自己对俱乐部的理解结合学校的实际情况，制定适合自己的管理办法。弹性管理的实施能够充分发挥教和学的积极性，提高教学质量，而这绝不是加大教学的随意性，相反，这是对教师提出了更为严格的要求。

体育教学俱乐部要建立有效的弹性内部管理机制，制定俱乐部长期有效的管理制度，在规章制度规定的范围内进行俱乐部教学、运动训练和运动竞赛。要抓好俱乐部的内部管理，可从以下三方面着手：一是制定切实可行的弹性管理目标；二是加强人力资源管理；三是完善激励和约束机制。

①制定切实可行的弹性管理目标。体育教学俱乐部要制定管理目标，而这个目标是由管理者和会员共同制定。俱乐部的管理目标要与本地区和本校的实际情况相符合，与学生的实际相符合，目标应具有实用性、可操作性和合理性，同时要具体化。

②加强人力资源管理。体育教学俱乐部的参与者是学生，各种措施都是为了提高学生对体育的参与积极性，充分发挥学生的个性和才能，特别是学生骨干作用的发挥，给学生一个展现自我的平台，有利于俱乐部的顺利开展。如在比赛中让学生担任裁判等。

③完善激励和约束机制。激励的目的是培养人锐意进取，而约束则是培养人循规蹈矩。在遵循以人为本的理念下，引入竞争机制，制定科学的管理制度和措施，奖勤罚懒，奖优罚劣，可以调动学生学习的积极性。对于在不同级别的比赛中取得名次的学生，给予适当的奖励，如一定的物质奖励、课时等考核可适当放宽，只要达到学校规定的考核要求即可；对于参加校队训练的学生，也可放松对其必修课时的限制。例如，某一俱乐部的某位学生参加大运会比赛，获得前六名的成绩，其体育课成绩的基数可为90分，而对于那些参加训练的，但没取得名次的，其体育课成绩的基数可为75分。但对于在俱乐部活动中表现极差的学生会员，要及时地批评和教育；对于屡教不改的学生会员要给予相应的纪律处分，并做其思想工作。

2.弹性体育教学俱乐部模式的决策机制

(1)经费筹集

俱乐部要正常运作，必须有一定的资金作为保障。而学生作为消费群体，不能让他们来承担俱乐部运作的所有费用。为实现教学俱乐部的正常运作，根据各地区高校开展的情况，提出弹性体育教学俱乐部经费筹措办法：

①政府拨款。在中国的这个国情下，依靠政府投资办学仍是体育教学俱乐部运作的最主要渠道。高校经费主要来源于国家财政收入，财政收入又与经济发展水平高度相关。因此经济发展水平越高，就越有可能投入更多的教育经费。对于经济发展水平较高的省份，用于高校的经费投入相对越高，学校要寻求政府的支持，各级政府应适当增加财政预算，加大对高校体育经费的投入力度。

②筹措体育发展基金。每年学生入学交纳一定数量的资金（根据各高

校实际情况而定,成立俱乐部发展基金),各俱乐部可利用这部分经费用于日常的开支,当学生大四毕业离校时,再将这部分资金如数地返还给学生。如新生入学时就交纳100元的会费作为俱乐部的周转资金,毕业时再退还给他们。如以平均每年招新生5000名计,4年可收取活动周转资金200万元,除去学生大四毕业时退还的50万元本金外,可实际用于周转的资金为150万元。这样就大大减少了学校对体育教学的开支,同时又为俱乐部自身的发展提供了资金保障。

③争取社会赞助。在俱乐部运作过程中,鼓励各俱乐部自己外出拉赞助或参加各种比赛、表演,这不仅有助于扩大学校的知名度,还能利用名牌效应吸引更多的企业投资于俱乐部的运营。此外,俱乐部还应积极争取校办企业和校外企业的赞助。

各俱乐部代表学校参加比赛所获得的赞助和奖金,可以合理分配:一部分可以用于自己俱乐部的日常开支,另一部分上缴学校,成为发展基金。

④获取个人捐赠。捐赠主要是争取校友会、个人、公司和基金会等社会各界的支持。特别是校友捐赠,许多学校的毕业生会根据自己的财力情况慷慨解囊,及时回报母校,为学校的体育事业贡献自己的力量,这占据着不小的比例。高校体育俱乐部接受捐赠的形式、手段多样化,可以是现金捐赠,也可以是实物捐赠。捐赠能够在一定程度上成为与政府的投入成为并列的重要的经费来源,有效地缓解了体育经费不足的局面。

⑤充分利用学校的场馆、器材。在周末、体育节、体育周、假期期间,向社会开放学校的体育场馆,积极开拓社会市场,收取部分费用可用来对俱乐部的场馆、器材进行维修、建设。

⑥创办经济实体。体育教学俱乐部立足学校,但开展得较好的学校可面向社会,创办经济实体,开发体育产业。如为本校师生员工提供体育器材、服装等,这样既能满足校内广大师生的需求,又可为俱乐部的发展增加收入。

⑦自我融资渠道。学校可合理利用体育场馆设施、体育师资力量等条

件，积极兴办各类经营性健身娱乐俱乐部，承接企事业单位、社会团体的各种体育竞赛和文艺演出等活动，促进顾客市场的发展，提高自我融资能力，增加俱乐部收入。

(2)场地、器材

体育教学俱乐部模式是对场地、器材要求较高的一种课程模式，它的数量、规模和人均比例直接决定学生进行体育锻炼的情况。对于一些条件较好的学校，体育器材相对多而全，对体育场馆、运动器材设备较为不足的高校，可以从下面两个方面着手：

一是高校应从场地器材的循环利用及可持续发展考虑，学校领导应多考虑一下场馆、器材建设的重要意义，尽可能地新建场馆和购买器材，为体育教学俱乐部的顺利开展提供条件。

二是学校应在现有条件基础上，加强对体育教学俱乐部场地、器材的建设和管理，挖掘潜力，合理安排利用，结合自身的实际情况，因地制宜，充分发挥场地、器材作用。修建新场地需要足够的资金和一定的时间，经济较为发达的地区可以修建场地，但在经济相对欠发达的地区可以采用“一馆多用”“一场多用”“一物多用”的办法，提高现有场地的利用率，如篮球场既可作排球场也可作羽毛球场，栏架可以用来跨栏，也可以用作足球射门，还可以用作钻越的障碍等。另外，在选择项目上，可以选择一些对场地要求不高的项目，如毽球只要有一块空地就可以了，羽毛球只要在平地便可上课。

(3)教师队伍建设

为了适应俱乐部体育教学的需要，体育部门必须有计划、有步骤搞好俱乐部教师的继续教育工作，体育教师要不断地进修学习，丰富教学内容和完善教学方法，积极利用各种信息渠道，学习新的知识、理论，学习与体育俱乐部有关的知识，以保证体育教学俱乐部在高校的顺利实施。为此，为更好地搞好俱乐部的教师队伍建设，可从以下方面着手：加强教师对体育教学俱乐部的认识；完善师资队伍配置；强化职后教育。

①加强教师对体育教学俱乐部的认识。高素质的教师队伍是高校体育

实施体育教学俱乐部的重要保证，这支队伍要对体育教学俱乐部有着深刻的认识与理解，还要有强烈的敬业精神和过强的专业技术。这就要求通过对体育教师的职后培训，提高他们对体育教学俱乐部的了解、认识，转变其教学理念，顺应时代的发展和学生的体育需求。可见，体育教学俱乐部对教师提出的要求越来越高，体育教师要一专多能，不但要对自己最擅长的运动项目颇有研究，还要对专项外两个以上的运动项目也得心应手，从而满足学校体育教学和学生体育锻炼的需要。

②完善师资配置。体育教学俱乐部在引进人才的过程中一定要注意数量和质量的有效结合，在年龄结构、职称结构、学位结构、专业结构都要有着较为合理的结构，使俱乐部的教师在数量上能满足教学的需要，同时教师在知识和能力方面也要完全具备体育教学俱乐部的资格。从调查中发现教师的年龄、学历、职称、专业等都存在着不平衡。

因此，高校应根据自身的实际情况，不断完善体育师资配置，特别要重视对在职人员的考核，引入竞争机制，实行动态管理。同时要满足学校各项体育工作的需要，体育教师的师资一般是呈梯次、互补、实用型的复合结构。

第一，体育教师数量要满足体育教学俱乐部课程教学的需要。体育教学俱乐部课程教学不仅仅是课堂教学，还包括学生的课外体育锻炼、运动训练和竞赛。特别是业余训练要有专门从事该项活动的体育教练来担任。在课堂教学师资的配备上，一位高校体育教师上课课时一般在每周12节课左右为宜。以这个标准计算，如果该校有在校生10000人，有5000人上体育课，按30人一个教学班，有167个班，需要配备28名左右的体育教师。

在课外体育锻炼和运动竞赛的配备上，可充分利用体育课堂教学的教师资源，督促这些体育教师担任业余指导。

在运动训练教师的配备上，一般一个学校有3~5个训练队，配备教练时，田径和游泳项目的教练通常要4个左右，其他项目1~2人。一个训练队每周训练3~6次，每次2个课时。按此计算，一个学校训练队的教练员配备应该在6~10人。按以上结果计算，在校学生10000人，体育教师应该至少维持在35～45人，考虑到学校实际，在编人员不会那么充足，那么可以外聘教师来满足体育教学和课外训练的需要。这部分外聘的教师可以是退休的专业教练、优秀运动员、外校的体验教师，让这些人参与到专项俱乐部中可以弥补教师数量的不足。

第二，体育教师结构要满足体育教学俱乐部课程教学的需要。在年龄结构中，教师队伍中有老、中、青年，年龄呈梯队层次。青年教师可以凭借年轻力壮有闯劲、多做事、多实践，老中教师可以向青年教师传授教学经验，指导他们工作；在学历结构中，硕士及以上学位的体育教师数量应增多；在项目结构中，教师队伍有多个体育项目。如传统体育项目武术、篮球、排球、乒乓球、足球、田径等，时尚体育项目健美操、体育舞蹈、健身运动、网球、跆拳道、防身术等，新兴体育项目定向越野、户外运动、蹦极、攀岩等；在知识结构中，教师毕业于不同的院校，知识结构呈互补型。各个体育大学或体育学院，由于培养方向不同、课程设置不同、学习背景不同、教学方法各异，在知识结构上也有差异。同一学科来自不同院校的毕业生带来不同的信息，可以优势互补，各取所长，相得益彰。在职称结构中，教师队伍中具有助教、讲师、副教授、教授等多种职称的人才，并搭配合理；在性别结构上，教师队伍中性别比例应与上课学生性别比例基本相同。

③强化教师的职后教育。强化教师的职后教育，是快速提高师资队伍整体素质的有效途径。在实行体育教学俱乐部的过程中，使教师不断学习、进修，不断提高自身的业务水平(包括课堂教学能力、组织活动能力、业余训练能力、科研能力等)，逐步提高其学历水平，从而提高俱乐部教师的整体水平，以更好地促进体育教学俱乐部的发展。对教师的培训工作，无论从时间安排或资金扶持方面均给予实质上的帮助。同时，也从制度上使教师在业务上求新求变，不断进取。

第一，体育教学俱乐部教师的职后教育的形式。对于教师的职后教育的形式，岗前培训、研究生学历补偿教育、高级研修班、高级研讨班、高级访问学者等可以成为体育教学俱乐部教师培训的主要形式。

第二,体育教学俱乐部教师职后教育的方法。学校要健全落实教师继续教育制度,俱乐部教师职后教育的方法:一是在职培训,可以通过参加各种俱乐部进修班、短训班,参加俱乐部岗前培训、助教班,参加举办高级研讨班、中青年学科带头人研修班,国内外高级访问学者来实现。二是脱产进修培训,送教师到高校攻读硕士或博士学位,提高教师的学历层次。三是加强对中青年教师进行教学业务指导,以老带新,组织青年教师参加岗前培训和业务水平。四是个人自修学习。教师可在工作中选定体育科学研究方向进行定向研究。这是体育教师自修学习的一种方式。

加大对年轻教师的培训力度,努力挖掘年轻教师的教学与科研潜力,新教师进来后,即着手进行培养,指定富有经验的老教师帮助其尽快适应工作环境,熟悉工作特点,过好教学关,从备课能力、专项技能、授课技巧等方面予以培养。在有经验教师的带动和鼓励下,让年轻教师在不断发展的高校体育事业中积累经验,逐渐成长并成熟,使之在教学与科研上逐步处于主导地位。

3.弹性体育教学俱乐部的教学机制

(1)教学大纲

教学大纲的弹性化,是各实施体育教学俱乐部的普通高校在全国统一教学大纲的指导下,结合学校的培养方向、学生和学校的发展需求以及学校的具体条件和实际特点,如学校情况、学生情况、体育教学条件(包括场地、设备、器材等物资环境)、校园文化背景和体育氛围以及学生的生源背景,包括学生来源和不同学生的职业准备等特点,每个项目设置高级、中级、初级三个级别,编制每个级别的教学大纲。另外,还要充分认识高校体育与中学体育的衔接问题,以及为学生终身体育打基础这一实际需要等问题。要使课程目标真正体现“健康第一”思想、素质教育思想和终身体育思想,建议各高校在这些体育教学俱乐部的大纲的制定上依据指导性文件的同时又要以课程教学的基本要求为依据,结合本校和本专业的特点,自行拟订适合本校发展的教学大纲,从而使教学大纲在不失权威性的同时,又使体育教学俱乐部的大纲具有统一性、针对性、适用性和灵活性的特点。

(2)教学内容

教学内容弹性化,不同地区可根据本地的经济水平、文化背景、教育状况选择适合本地区的体育课程内容,不同模式、办学层次的学校可根据本校的办学方针、教学设备条件、师资情况、学生特点等建立适合本校发展的体育课程内容体系。在原来"三自主"的选课模式上,实行"适度弹性选授课"制度,即教师可以根据学生的实际需求,在不违背教学指导纲要原则的前提下,只要能完成规定的教学任务,只要场地器材条件允许,教师可以穿插安排一些学生喜闻乐见、乐于参与的趣味性活动内容,给教师和学生一定的选择和教授的自主权。

要从根本上扭转以往重复运动技术传授为中心的旧的内容体系,为此在今后的俱乐部教学中,体育教学内容应从"以运动技术为中心"向"以体育方法、体育动机、体育经验为中心"转移,建立围绕以人为本、淡化竞技、注重健身、增强体育意识、发展学生个性、培养体育能力、养成锻炼习惯为中心的新的内容体系。其具体的教学内容将根据社会的发展、学生个体的需要及学校的教学条件进行大幅度的调整,竞技运动教材化,改进非竞技运动项目,充实和丰富有关趣味性、娱乐性、健身性、健康性、集体性教材的比重和基础知识的教学内容。学校可利用的资源比较充分,这样可以充分挖掘自己的资源,利用本校的软硬件设施,并不断修订教学大纲,删减不切实际、实用性不强的内容,选择学生感兴趣的、有利于今后能自我进行锻炼的、对终生增强体质有实用价值的、易于开展的项目,如太极拳、长拳、健美操、体育舞蹈、羽毛球、乒乓球、篮球、排球、足球等。另外,课外除开设与课内教学有关的项目,还可以选择一些休闲类、娱乐类的项目,作为课内体育的拓展,如定向越野、野外生存训练等。适当加大民族传统体育项目和学校传统体育项目的比重以利于提高学生的体育文化素养,继承和弘扬中华民族的传统文化。

(3)评价体系

在俱乐部的教学评价指标上建议实行绝对评价指标和弹性评价指标相结合的评分方法。对学习效果进行绝对评价,要求标准要制定得比较客观,能够反映学习效果与客观标准之间的差距。弹性评价指标是指以考试内容要求、标准为基点，根据学生的个体差异，就某个项目的起点等进行成绩进步幅度评价。弹性评价指标能反映出学生的个体差异、个人的努力程度及进步状况。

在俱乐部教学的评价方法上，教师应该重视原有基础与学习过程采用多维评价。通过建立标准评价模式和参照评价模式的评价指标体系进行多维评价，能够反映学生体育学习过程和结果。其中，标准评价模式包括大学生体质健康标准、教师对学生的主观评价以及学生最终体育成绩。参照评价模式包括学生的体育态度、学生的体育创新能力、学生自我评价、学生之间的互评以及自己进步的幅度。

在掌握基本运动技能的基础上，教师可以适当增加学生出勤率、学习态度、学习能力及自评、同学互评等内容，各高校可根据本校的实际情况弹性地安排各个指标所占的比例。针对在高级俱乐部学习的学生，相当于校级代表队，还可以采用“以赛代教”考核模式。如以参加俱乐部联赛的形式进行考核，其成绩评分标准是俱乐部联赛成绩的50%。由于采用比赛的模式进行评价，所以实践部分就可以不进行技术考核，采用学生自评、学生间互评各占20%和教师评价占30%的综合评价体系。这样评价操作起来就具有一定的弹性。

第四节 运动处方体育教学模式

一、运动处方概述

（一）运动处方相关概念

1.运动处方概念界定

关于运动处方的定义，许多学者都有不同的定义，现列举几位中外学者的观点。20世纪80年代日本的著名学者加贺谷熙彦·淳提出，运动处方是以获得个人期望的体力为目标，并以适应其体力现状所决定的运动的质和量。[①]20世纪90年代刘纪清、李国兰在《实用运动处方》中提出：运动处方，是指符合个人状况所制定的运动程序。对从事体育锻炼者或病人，根据医学检查资料，包括运动试验及体力测验，按其健康、体力以及心血管功能状况，结合生活环境条件和运动爱好等个体特点，用处方的形式规定适当的运动种类、时间及频率，并指出运动中的注意事项，以便有计划地经常性锻炼、达到健身或治病的目的，即为运动处方。北京师范大学体育系田继宗教授对于体育教学中运动处方的定义是，运动处方是以身体练习为手段包含意念性练习，为改进、完善、提高、增强身体某一部分或某一些器官的功能而有针对性地实施的系列练习方法。[②]其实，运动处方就像医生给病人开的医疗处方，由医生或体育工作者给锻炼者按其年龄、性别、健康状况、身体锻炼经历和心肺或运动器官的机能水平等，用处方的形式，规定适当的运动内容、锻炼方法和运动量的大小，称为运动处方。[③]

2.运动处方教学概念界定

运动处方教学是指教师根据不同教学班学生的身体素质与健康状况制定的针对性很强的教学内容与方法，是教师将有关健康的科学知识与学生自主学习和自我体质监控相结合的一种授课方式。运动处方教学通过充分发挥学生的主体作用，调动学生参加体育锻炼的积极性，实现了从应试教育向素质拓展教育的发展，促进了学生身体和心理健康全面发展。

3.运动处方教学模式的概念界定

运动处方教学模式是为了实现某种特定的目标而归纳出的体育教学活动的一整套方法论体系，是在增进学生健康理论的指导下建立起来的较为稳定的体育教学活动的框架结构和活动程序。运动处方教学模式是带有较

---

① 夏祥伟.研究生体育锻炼与健康问题的研究[D].华东师范大学，2005.

② 田继宗，石雷.运动处方教学模式研究[J].体育学刊，2001(01).

③ 马俊文.高校健身运动处方教学模式浅析[J].哈尔滨体育学院学报，2007(01).

强的研究特点的学校体育工作方式。运动处方教学模式是以运动处方教学作为主要手段去完成体育教学工作中的主要任务，并以运动处方教学为主要方式解决众多与学生体质发展相关的问题。运动处方教学模式既是体育教学理论的具体化，又是体育教学经验的概括。

（二）运动处方的分类

1.按内容分

按照运动处方内容分类，可分为单一运动处方、多项运动处方、综合运动处方。单一处方是指目标单一的运动处方，是为发展某一种身体素质而制定的，例如速度处方、力量处方、柔韧处方、耐力处方等。多项处方是指有两个以上目标的运动处方，例如速度与力量处方、心肺功能与耐力处方、协调与灵敏处方。综合处方是指多种目标合成的综合性运动处方。例如培养个性品质、促进心理健康、控制体重处方。

2.按应用目的与对象分

按照运动处方应用的目的和对象可分为四类：专业竞技训练运动处方、临床治疗运动处方、保健康复运动处方、体育教学运动处方。专业竞技训练运动处方是专业运动员根据相应的运动处方进行科学训练，达到提高专项身体素质和专业运动技术水平的目的。临床治疗运动处方是对有某种疾病的患者应用相关的运动方式来治疗疾病的处方。保健康复运动处方是健康人和中老年人进行运动锻炼，以增强体质、保持健康的处方。体育教学运动处方是对学生进行运动处方相关知识的教学，使学生能够科学监控自己的体质，并根据自己的实际情况制定适合自己的运动处方，让学生自主、科学地进行体育锻炼，养成科学的体育锻炼习惯，实现终身体育教育的目标。

3.按实施时间与地点分析

按运动处方的实施时间和地点分类，可分为课内运动处方和课外运动处方、学校运动处方和家庭运动处方等。

(三)运动处方制定的程序和步骤

制定运动处方要按照一定的程序和步骤来进行,首先,要对运动处方的实施者进行相应的医学体检,然后进行相应的运动负荷试验,最后根据实施者实际情况来制定相应的运动处方,安排相应的体育锻炼。

1.医学体检,了解运动参与者的相关信息

首先,人们要了解体育运动参与者的运动目的和对运动的期望;询问有关病史,有无家族病史,以前的运动情况和运动爱好,现在的运动情况等;了解运动参与者的职业、工作和生活环境、经济状况、营养情况等方面;了解运动参与者的生活周围能够利用的运动设施,有无专业指导等;了解运动参与者现在的健康状况并进行评价,判断运动参与者能否进行运动负荷试验;了解运动参与者是否具有潜在的疾病或危险因素,做到提前预防意外。总之,医学检查的目的是全面了解运动参与者的个人情况,为制定运动处方提供准确的依据。

2.运动负荷试验,了解运动参与者的实际运动负荷

运动负荷试验是制定运动处方的基本依据。运动负荷试验的方法很多,人们可以根据检查的目的和运动参与者的具体实际来选择适合的方法。常用的方法有台阶实验或功率自行车等。人们可以在实验过程中逐渐增加运动参与者的运动负荷强度,同时测定某些生理指标,指导运动参与者达到一定的运动强度,来了解运动参与者的实际运动负荷。运动处方必须在有效的运动负荷基础上来制定。

3.制定运动处方,安排运动参与者的体育锻炼计划

根据以上医学检查和运动负荷测试,人们在了解运动参与者的健康状况、体质情况及运动负荷的基础上,按具体情况来制定相应的运动处方。人们要在运动处方中制定出运动强度的安全范围、每次必要的运动量、一周的运动次数以及在体育锻炼中应注意的事项等内容,合理、科学地安排运动参与者的体育锻炼计划。

二、运动处方体育教学模式的构建

(一)运动处方教学模式的特点

运动处方教学模式具有科学性、针对性、实效性等特点。运动处方教学模式是以学校和学生的实际情况为依据的、针对性很强的循环式体育教学模式。运动处方教学模式具备自我完善、自我发展、不断优化的科学特点。运动处方教学模式比较注重学生主体性的发挥和自主学习能力的培养。学生可在教师的帮助下,根据自己的实际情况制定并执行适合自身发展的运动处方,养成体育锻炼的习惯和终身体育的意识。[①]

第一,运动处方教学模式具有较强的科学性。运动处方在实施过程中,将每位运动参与者的测试数据进行统计处理和分析,并遵循运动处方实施的原则和要求。因此,这种教学模式具有较强的科学性。第二,运动处方教学模式具有较强的针对性。运动处方教学模式的设计和制定是建立在分析和评价不同学生体质状况基础上的。学生的体质不同,相应的运动处方也不同。运动处方教学模式是根据不同学生的体育兴趣和体育需求来制定和实施的。因此,运动处方教学模式具有较强的针对性。第三,运动处方教学模式具有较强的实效性。运动处方的实施过程是在不同学生及不同环境下进行的,在对学生的身体数据分析之后,参照学校的具体情况及不同的环境和气候情况等因素而制定的。因为运动处方的实施是在教师的指导下,学生进行自我监督和实践的,运动处方的调整和反馈比较及时,并且在实施运动处方过程中学生可以不断自我调整和完善,所以运动处方教学模式对学生的体育锻炼的指导作用明显,实施的效果很好。因此,运动处方教学模式具有较强的实效性。

---

① 胡晓彦,巴特尔,崔磊.处方教学模式在高校体育教学中的实验研究[J].河北体育学院学报,2003(1).

(二)运动处方教学模式的教学内容体系建立

运动处方教学模式的教学内容,主要是要求学生能够对自身的身体状况有初步的了解,在已知的情况下对身体各项指标进行简单监控,如通过心率的测量,完成自身运动处方的设计与实施。教学内容主要分为四个方面。第一,对运动功能的强弱和身体疾病状况进行认知。在体育教师的讲解过程中,学生要充分了解自身的运动能力,适合多大强度的运动方案,以及身体比例,能够明确地确定自己属于何种体型。第二,对自身身体素质的认知。通过简单的测试,能够了解自身的力量、速度、耐力、柔韧等各项身体素质的适应范围。第三,对自身的生理状态的监控。对学生生理状态的监控,可以通过自我感觉和基本指标进行有效的认知。第四,教学体系是以运动处方的设计为主。学生根据体育教师的引导,在每节体育课程中,通过明确运动所带来的好处,能够有针对性地制定出相适应的运动内容。[①]

(三)运动处方教学模式的实施过程

运动处方教学模式的实施过程,要求学生对学习的心理变化层次分明。首先,对运动处方的记忆与理解;其次,通过有效的知识水平进行应用和分析;最后,通过评价和高层次的认知达到运动处方的实施。由表3-3可知,在实施过程中,学生要充分了解运动技术和保健知识。随着对运动处方基础知识的认知不断加深,学生能够很好地理解运动处方各部分要素所代表的含义,并且有针对性地在实际的运动过程中对自身所表现出的各种不良情况进行系统分析,以及各种反馈信息的构成,间接地判断自己所存在的不良反应。根据自身的具体身体情况,制订出相适应的运动负荷、运动频率以及运动时间。这也是运动处方教学实施过程中对个体的分析过程。现阶段,运动处方教学实施过程的手段有很多,其中以互联网教学最直接。学生

① 邢聪.学校体育课程“运动处方教学模式”的设计与构建[J].中国学校卫生,2021(09).

在进行运动和学习的过程中,可以通过在互联网上查找相关视频和图片的形式进行知识的学习,在运动的过程中更加形象地了解运动各个环节所代表的含义,并在教师和互联网相关资料的指导下进行运动处方的编制。在课堂上,可以在网上查找相关资料,进行课堂讨论和处方的整改。在此基础上,可以对运动处方实施过程进行有效监控和记录,积极撰写课外锻炼心得。学生在进行运动处方教学实施过程中,要及时对处方进行调整。通过信息反馈对处方进行最终的修订,在课堂或者课外积极与教师进行交流。

表3-3 运动处方模式实施体系

内容体系	项目明细
身体状况认知	生理信息、身体结构、身体素质
身体状况监控	生理状况、运动负荷、运动状态
运动处方设计	运动类型、运动负荷和强度、注意事项
运动处方实施	处方应用、处方修正

第四章 高校体育教学目标设计与内容优化

第一节 高校体育教学目标设计

一、体育教学目标的概念

教师应当设置具体的体育教学目标，其设置目的主要是使教学达到理想的效果。教学目标是针对未发生的教学行为设定的，本质上属于假设内容；同时，教学目标是针对教学实践设定的，是为了解决某些实践问题或达成某种实践目的，因此教学目标又属于实践内容。表述得当的教学目标应具有两个特征：第一，它必须详细说明目标内容，即说明做什么和如何做（知识、方法等）；第二，它应当用特定的术语描述教学后学生应能做（或产生）以前所不能做的事，即教学后所要达到的结果的详细规格。[①]

二、体育教学目标设计的要求和依据

（一）体育教学目标设计的要求

第一，设计体育教学目标要系统把握，整体协调与衔接。各层各类的教学目标不仅要促进本阶段的体育教学活动的完成，还要与其他阶段的体育教学目标相适应。以小学体育教学目标的制定为例，小学体育教学目标首先要考虑小学生的体育发展需要，促进小学阶段体育教学任务的完成，但同时它还对中学与大学阶段的体育教学产生影响。因此，各个层级的体育教

① 孙云.学校体育课教学目标内容体系构建[M].哈尔滨：哈尔滨工业大学出版社，2020:35.

学目标都应该相互连接，相互促进，组成一个和谐的系统网络。

第二，体育教学目标的表述力求明确、具体。体育教学目标的设计是承担着特定的任务的，即要解决体育教学活动要“达成什么”的问题，因此，体育教学目标一定要有明确的表达，让学生一目了然。教师对教学目标的理解直接影响着体育教学的效果，这就要求教学目标应当确保其表述清晰、指向明确，不能含糊不清。为了解决这种问题，西方曾经掀起了反对教学目标含糊性的运动，并提出了解决教学目标含糊性的办法，这对于体育教学目标具体化、清晰化有极大的促进作用。

第三，体育教学目标必须分解成细致的操作目标。对教学目标进行分解有利于降低教学工作难度，促使其可操作性增强。因此，体育教师应该努力提高自己的细目分解的能力，通过教学目标的细目分解，提升整个体育教学活动的质量。

第四，体育教学目标要有一定的弹性。事物都是处于联系中的，要受很多因素的影响，教学目标也是如此，但是这些因素都是在不断变化的，因此体育教学目标也是在不断变化的。所以，在制定体育教学目标的时候要留一定的变化余地，保持一定的弹性，在体育教学的其他因素发生变化的时候，体育教学目标要具备可修改、可调整性。

(二)体育教学目标设计的依据

1.体育教学的功能

教学功能对教学目标的影响较为明显，因此体育教师在设计教学目标时应当确保其多元化特性，现代体育教学功能的多元化特征不断得到强化。

2.学校体育总目标及每一目标层次的上位目标

在教学目标体系中，上位目标与下位目标的联系十分紧密，下位目标的设计依据是上位目标，上位目标是在下位目标的积累下形成的。基于此，体育教师应当根据两者关系不断细化教学目标。

3.体育教学内容

教学内容的设计应当围绕教学目标进行，而设定教学目标也要根据教学内容进行，两者之间存在明显的联系，教师不可将其忽略。

4.学生的条件

学生是体育教学活动的对象，在制定教学目标的时候要考虑学生的具体情况。学生在每个年龄阶段的发展规律、学生已有的知识水平、学生学习体育的兴趣，以及学生的态度、倾向等都会对学生的体育学习产生影响。因此，教师在制定教学目标的时候要充分考虑学生的主观因素。同时，不同学生的主观因素也是不同的，教学目标还应照顾不同学生的差异性，做到因材施教，进行个性化的教学。

5.学校物质条件

教学活动还受客观环境的影响，学校的物质条件也是体育教学目标设计的依据。学校的物质条件主要包括场地、器材以及体育设施。

三、体育教学目标设计的原则和步骤

（一）体育教学目标设计的原则

1.系统性原则

体育教师应当明确，教学目标不是单一的，而是系统的，任何学科的教学目标都是层次分明的，最终形成一定的目标体系，体育教学目标也不例外。在设计体育教学目标的过程中，教师应当保证横向、纵向上的衔接性，使其形成一定的目标体系，这样才能为学生的成长与发展提供全面的指导。

2.科学性原则

这里我们主要从五个方面讨论体育教学目标的科学性原则。第一，教学目标要体现体育的学科特点；第二，教学目标要全面，能反映体育教学中的各个领域；第三，围绕体育教材，涵盖体育教学的重点和难点；第四，体育教学目标要明确具体，具有较强的可操作性；第五，体育教学目标难度要适中，即大多数的学生经过努力都能完成这个目标。

3灵活性原则

体育教学目标的灵活性是由复杂性决定的，同时它又为体育教师创造性地开展体育教学工作提供了机会。[①]诚然，体育教学工作要根据教学大纲开展，体育教师不能偏离其主要方向。但同时，教师应当在具体的教学实践中根据学生的真实学情与发展需求等灵活设定更为具体的教学目标，不断促进学生的全面发展。

4.可测性原则

体育教学目标不仅应该具有可操作性，还应该具有可测性。所谓可测性是指体育教学目标在学生的身心发展中所起的促进作用能通过现有的技术手段得到定性的测量。通过定性的测量，我们才能检测到体育教学与理想教学目标之间的差距，才能看到体育教学效果。

（二）体育教学目标设计的步骤

1.分析体育教学对象

学生是所有教学活动的中心，因此教师在设计体育教学目标时，应该充分考虑学生的实际需求。根据相关的心理学理论，当学生产生的新需求与原有的水平产生矛盾的时候，学习动机就产生了。也就是说当学生已有的水平无法满足其产生的新的需求的时候，学生就会产生新的学习动力。体育教学中的学习需要是指学生已经掌握的体育技能与需要的新的体育技能之间的差距，因此，分析学生学习需要是体育教学目标设计的重要前提。在进行体育教学目标设计的时候，就要分析学生的学习现状，了解学生的学习需求。

---

① 安基华，李博士.体育教学理论与实证研究[M].长春：吉林人民出版社，2019:26.

学生学习需求的分析主要可以采用两种方法,一种是内部需要评价,一种是外部需要评价。通过分析内部需要与外部需要,如果能发现学生已有的体育技能与新的需要之间的差距,就说明学习中可能出现了问题。发现问题之后,就要对问题做各种分析,然后探索解决问题的方法,在解决问题的过程中就能确定体育教学的目标。

2.分析体育教学内容

体育教学内容是教学活动的核心,教学内容合理才能实现相应的教学目标,因此体育教师应该选择合适的教学内容。在分析体育教学内容时,教师需要了解体育教学内容的理论与实践基础,了解教学内容中包含的各个要素以及各个要素之间的关系,通过分析教学内容确定合理的体育教学目标。体育教学内容包含好几个层次,主要有课程、单元以及项目等。对体育教学内容的分析要按照如下环节进行:第一是如何选择与组织各个单元的学习任务;第二是如何确定各个单元的教学目标;第三是如何对各种教学任务分类;第四是如何评价体育教学内容;第五是如何分析体育教学任务;第六是如何对体育教学内容进行更为深入的评价。

3.编制体育教学目标

体育教学目标的编制主要包括课程目标、学习领域以及学习水平目标,教学目标的编制有利于学生更具体、更明确地理解教学目标,能更好地促进学生完成体育学习活动。

第二节 高校体育教学内容设计

一、体育教学内容设计的要求

(一)具有健身性

传统教学模式下,体育教学的内容主要是体育运动的竞技项目,教学方式与手段具有鲜明的竞技色彩。在实施竞技项目的过程中,实施者的主要目的是提高学生的竞技成绩与竞技技术水平,学生要具备耐心与毅力。虽然参与体育运动项目能够强身健体,促使个人获得愉悦感,但这并不是实施竞技项目的主要目的。体育教学目标的主要目的是强健学生体魄,促进学生的身心健康发展,因此教师要保证教学内容设计具有健身性。

(二)具有趣味性

教学内容符合学生的兴趣爱好时,学生将拥有较强的学习动力。基于此,体育教师应当在确定教学内容前对学生展开调查分析,深入了解不同学生的不同爱好、习惯等,进而设计更符合学生喜好的教学内容,从而有效激发学生的学习兴趣,促使学生不断增强学习积极性。在此过程中,教师还应保证所选定的教学内容具有教育性。但是,学生不感兴趣的内容也并不是不应该成为体育教学的内容。例如,一些竞技类的田径项目,由于强度大、压力大对学生来说吸引力不大,但是它们又是体育教学的必须内容。这就需要体育教师在进行这些项目的教学设计时,尽量选择以学生喜闻乐见的教学模式吸引学生参与体育学习。

(三)具有实效性

体育教学内容的实效性是指体育教学内容能对学生的身体和心理的健康发展产生切实有效的作用。不同的体育教学内容在发展学生不同素质中的作用是不同的。以推铅球为例,推铅球教学的主要目的是促进学生力量的发展,但是由于练习场地、练习频率的限制,推铅球并没有对学生的力量发展产生切实的推动作用,也可以说没有实效性。总之,设计体育教学内容时,应充分考虑具体的体育教学目标以及学校、学生的实际情况,使教学内容能高效地为实现教学目标服务。

(四)具有简易性

我国被划分为多个经济发展地区,这些经济发展地区的经济发展水平存在较大差异,发展水平相对较低的地区没有充足的条件支持高校体育教学的发展。在此背景下,体育教师应当尊重现实,结合教学要求与实际条件设计教学内容,使其具有简易性又能推动学生的发展,引导学生以积极的态度参与体育教学活动。

二、体育教学内容设计的策略

(一)充分考虑学生已有的经验和知识

在设计教学内容时,体育教师应当使其与学生既有知识或经验联系在一起,增强教学内容的衔接性。在设计教学内容的过程中,体育教师应当重视学生经验与新知识、新技能的有机融合,不仅要重视与体育运动有关的专业知识,还要重视学生拥有的生活经验等,促使学生能够将生活实践与教学课堂联系在一起,进而使学生不断提高对知识与技能的实际应用水平。在设计体育教学内容的过程中,教师还要分析学生目前形成的价值观与理念等,并针对其选择合适的教学内容,促使学生能够在道德素质、思想内涵等方面也获得发展。学生的经验世界对体育学习的影响表现在多个方面,如学生在体育经验世界中已经初步形成了自己的关注点和兴趣点;学生已经形成了一些相关的运动概念和运动认知;学生已经形成了自己的运动经历等。

在正式选择教学内容之前,教师应当通过访谈、调查等方式全面了解学生,比如了解学生的知识与技能掌握情况,了解学生所拥有的生活经验等,依据此设计出的体育教学内容才能符合学生真实学情,又能贴近学生的真实生活。学生学习此教学内容有利于提高解决生活实际问题的能力。

(二)知识与问题、任务与活动相结合

体育教学内容的设计强调知识与问题、任务与活动的结合,注重通过教材的适当设计,让学生通过探索问题、完成任务、进行各种探究活动而获得知识和技能。学生在探索问题和完成任务时,已经将知识技能和运用的情

境融合到了一起,知识技能不再是与学生的生活世界无关的东西,这样的知识技能习得也变得富有意义。同时,教师在教学任务与学生现实生活之间建立联系,有利于在体育教学过程中吸引学生的注意力,促使学生不断增强学习体育知识与技能的内在动力,进而使其圆满完成体育学习任务,最终有效提高学生的问题意识以及解决问题的能力。

所有教学活动都要遵循一定的客观规律,包括教育教学规律、学生的学习与成长规律等,体育教学活动也不例外。在体育教学过程中,教师应当适时分解教学任务,这样能够有效避免学生因面对的教学任务难度较高、较复杂而产生畏难心理。同时,教师还要注意提高教学的效率与质量,促使学生素质能够得到全方面的提高。

(三)给学生的思维和探索留下充足的空间

体育教学内容的设计和呈现给学生的思维和探索留下了充足的空间。体育教学内容在设计过程中,改变了只注重分析知识技能之间的关系以及直接呈现这些事实性知识的做法,转向注重探讨学生如何以探究、自主的方式习得知识和能力。这种设计和呈现方式为教师组织学生进行相关知识的探索提供了直接的指导,也为教师进行创造性的教学留下了广阔的天地。教材设计时为探索和思维留下充足的空间,实际上也为不同的学生提供了适应各自需要和水平的不同探索机会,从而使教学的安排能够较为容易地适应个体差异。传统教学方法并非一无是处,体育教师应当辩证地看待传统教学方法,将能够满足现代体育教学需求的方法融入教学设计中,同时要实现其与创新性教学方法的有机结合,促使学生能够不断提高思维能力,引导学生主动探索知识与技能。

(四)促进师生之间和学生之间的合作

体育教师可以在教学中采用合作学习的模式,小组讨论、合作探究等都是常见的合作学习模式。通过合作学习,学生在教学过程中都在与教师和同学进行不同形式的合作。体育教学中的合作不仅能帮助学生解决学习中遇到的问题，完成学习任务，还能提高学生与他人的合作、交流能力。从促进学生学习方面来看，合作小组内的成员可以进行头脑风暴，对于同一个问题不同的学生能从不同角度提出不同的解决办法，能够提高学生多元性的思考能力；从发展学生健全人格方面来看，合作能培养学生与他人交流、合作的能力，能在合作中培养对他人的信任感。

体育教学的集体性特征强于其他任何一个学科，因此，体育教学内容设计需要切实把握体育是“小型的社会模拟场景，是学生社会化的重要阵地”的本质。我们可以通过精心设计学习方式，引导学生合作探究；还可以精心设计小组学习的问题，有了问题才能引起学习小组集合集体的智慧，积极思考、猜想、学练、探究，寻找解决问题的方法。此外，可以在教学活动设计中将全班教学、小组合作与个人自学、独立思考学练结合起来以达到优势互补；可以引导学生学会交往、学会倾听、学会表达、学会展示、学会思考、学会提出不同的问题与建议，以提高学生各方面的能力；还可以加强小组成员之间相互学练、指导的能力，强化团队意识，教师要注意针对不同的学生来设置符合他们实际能力的学习内容和学习要求。

第五章 高校体育教学评价体系改革

第一节 高校体育教学评价的现状

一、评价标准单一，缺乏多元化

（一）过度依赖体能测试和技能考核

在当前的高校体育教学评价体系中，体能测试和技能考核占据着主导地位，这种评价方式虽然具有一定的科学性和客观性，却存在明显的局限性。体能测试如跑步、跳远、仰卧起坐等项目，以及技能考核如篮球运球、足球射门等，都以量化指标为主，偏重于身体素质和专项技能的检测。然而，学生在体育课程中的表现不仅仅是体能和技能的简单累积，更包括了学习态度、参与热情、团队协作、创新思维等多个维度。单纯依赖体能和技能测试，不仅容易忽略学生的多元发展，也无法充分体现体育教育的综合育人功能。学生的积极性、努力程度、对体育项目的兴趣以及持之以恒的精神等，都是体育学习的重要组成部分。然而，现有的评价体系大多停留在对硬性指标的测量，未能全面反映学生在学习过程中的心理和行为变化。比如，一个学生可能在体能测试中成绩不佳，但他对体育课的热情投入、对技能的钻研态度，以及在团队运动中的积极配合，都是难以通过现有的评价体系准确衡量的。这种评价标准单一的情况，使得学生在面对体育学习时，往往重视成绩而忽略过程，甚至出现为了通过考试而短期突击训练的现象，违背了体育教学的初衷。

体育教育的目的不仅是提高学生的身体素质，更是要培养学生健康的生活习惯和积极的运动态度。然而,仅仅通过体能测试和技能考核,无法准确评估学生在日常生活中是否真正将体育锻炼内化为自觉行为。一个身体素质较弱的学生可能在体能测试中表现不佳,但他可能已经在生活中坚持晨跑、注意饮食健康,并积极参与课外运动活动,这些良好的生活习惯和健康意识却往往被忽视在评价之外。在以体能和技能为主的评价体系下,学生的个性化需求和多样化表现也容易被忽略。体育教学应当鼓励学生根据自身兴趣和特长选择适合自己的运动项目,并在学习过程中发展自我,激发创造力。然而,当评价标准仅限于少数固定的测试项目时,那些不擅长传统项目的学生很难在评价中获得肯定。例如,一个擅长瑜伽或健美操的学生,虽然在某些技能测试中表现不突出,但他在平衡、柔韧性、节奏感等方面的突出能力却无从展现。这种评价标准的单一性,不仅影响了学生的自信心,也不利于体育教育多样性和包容性的体现。

教师在实施体能和技能考核时,往往将注意力集中在成绩上,而忽略了对学生在学习过程中的关心和指导。这种过于注重结果的评价方式,使得学生在体育学习中感受不到过程的意义和乐趣,容易产生挫败感和压力。尤其是对于体能较弱或技能水平较低的学生来说,他们在这种评价体系下容易被边缘化,难以体验到体育学习的成就感和愉悦感。这不仅影响了他们对体育课的兴趣,也可能对他们的身心健康带来负面影响。过度依赖体能测试和技能考核的评价体系还存在着片面性和不公平性的问题。在实际教学中,不同学生的身体素质、成长背景、运动天赋存在显著差异,这些因素都会对测试成绩产生影响。单一的评价标准忽略了学生个体间的差异性,无法做到因材施教,也不能激发学生在各自擅长领域的发展潜力。为了全面提升体育教学质量,应当在评价体系中引入更加多元和人性化的评价方式,关注学生的态度、行为、创新能力等综合表现。

(二)忽视学习态度与非技能表现

高校体育教学的评价体系在很大程度上忽视了对学习态度和非技能表现的考量,这一问题在当前教育环境中尤为突出。体育课程的价值不仅体现在身体素质的提升和技能的掌握上，更是培养学生良好学习态度、团队合作意识、沟通能力和领导素质的重要平台。然而，现有的评价方式过于关注硬性指标，缺少对这些软性表现的重视，使得学生在体育学习中的综合表现难以被客观评价和认可。学习态度、参与积极性、团队合作精神等无法通过单纯的技能考核展现，导致这些至关重要的教育目标在评价过程中被忽视。当前的评价体系主要围绕学生的体能和专项技能展开，而学习态度、课堂参与度、合作精神等软性指标缺乏有效的衡量标准。许多学生在体育课上表现出积极的学习态度，愿意尝试新的运动项目，能够在课堂上展现出良好的纪律性和自我管理能力。然而，这些非技能表现却难以在现行的评价体系中得到体现，甚至在一些项目中完全被忽略。这不仅不利于全面了解学生的体育学习状况，还容易导致部分学生忽视软技能的重要性，把注意力全部放在体测成绩上，失去了体育课程应有的教育功能。

在团队运动和集体项目中，学生的合作意识、沟通能力和团队精神往往比个人技能更为重要。一个表现突出的团队往往依靠良好的配合和默契的合作才能取得成功，这些软性表现是体育运动的核心价值之一。然而，现有的评价方式却很少对这些方面进行考量，学生在团队中的付出和表现未能获得相应的认可。例如，一个在团队中积极沟通、鼓励队友并发挥领导作用的学生，其表现无法通过简单的体能测试或个人技能分数来体现，这就导致许多优秀的软性表现被忽视，学生在团队运动中的积极性也因此受到了影响。一些学生可能在技能水平上并不突出，但他们在课堂上的专注度、参与度和对体育活动的热情同样值得肯定。这些学生的积极态度不仅提升了他们自身的学习体验，也对整个课堂氛围的营造起到了积极作用。然而，现行评价标准无法捕捉这些软性表现，导致学生在付出努力后没有得到应有的肯定和激励，长此以往会打击他们的学习积极性。相反，那些体能出众但态度懈怠的学生在这种评价体系下反而可能获得更高的分数，这无疑是对努力和积极参与的学生的一种不公平。

体育课程还肩负着培养学生意志品质的任务，尤其是在面对挫折、克服困难时所表现出的毅力和韧性。然而,现有的评价标准缺乏对这些心理素质的考量。在体育活动中,学生常常需要面对体力的极限、失败的打击和竞技的压力,这些经历能够有效锻炼他们的心理素质和抗挫能力。一个在赛场上即使落后也不放弃,能坚持到最后一刻的学生,无论成绩如何,其意志品质都是值得肯定的。遗憾的是,这些表现往往不被纳入评价体系,使得体育课程的育人功能大打折扣。对于许多学生而言,体育课不仅是锻炼身体的机会,也是展示自我、表达个性和建立自信的平台。非技能表现如创造性思维、运动创新、对体育的理解与反思等,都是学生个性化发展的重要体现。然而,评价体系的僵化使得这些具有个性和创造力的表现无从展现,甚至让学生认为这些努力是无意义的。评价标准的单一性限制了学生的想象力和创新思维,使得体育课堂变得机械化和程序化,失去了应有的活力和吸引力。学生可能认为体育学习的唯一目的就是获得好成绩,而忽略了合作、沟通、领导和坚持的重要性。这种片面的认识会影响学生对体育的兴趣和参与度,甚至影响到他们在日常生活中的行为习惯和人际交往方式。因此,体育教学的评价应当更加注重过程性评价和多元化的指标,以全面反映学生在体育学习中的综合表现。

(三)缺乏创新思维和个性发展的评价维度

体育教育不仅仅是提高体能和技能的训练场所,更是激发学生创新思维、培养个性和挖掘潜能的重要途径。然而,现行的评价标准过于集中于传统的体能测试和技能考核,对学生在体育学习中展现的创造性、个性化表现以及对新战术和技术的探索缺乏足够的重视。当前的体育评价体系大多采用固定的标准来衡量学生的表现,这些标准虽然客观,但缺乏对个性化和创造性表现的包容。例如,在篮球、足球等项目中,学生的表现往往被限于既定的技术动作和战术配合,评分标准也多围绕这些固有的技能开展。然而,体育运动本身是充满变化和创造性的,学生在运动中常常会有一些独特的想法,如设计新颖的战术、创新的传球方式或突破手段,这些都是他们个性和创造力的体现。然而,这些表现往往被忽视在传统的评价框架之外,导致学生在创新方面的努力得不到认可和鼓励,最终可能抑制他们进一步探索的兴趣。

每个学生都有不同的运动天赋、兴趣爱好和思维方式,而这些差异在体育学习中表现得尤为明显。有的学生可能不擅长力量型的体能项目,但在协调性、柔韧性或节奏感上有独到的优势;有的学生善于在比赛中临场应变、随机应对,能够根据场上局势迅速调整策略,这些都属于创新思维的重要表现。然而,由于评价标准的单一性,这些独特的优势和创造性表现难以在现有的评分体系中得到体现,学生的个性化发展因此受到限制。创新不仅仅体现在设计新技术和新动作上,更是一种敢于打破常规、提出新思路、解决新问题的能力。体育课堂本应是激发这种能力的理想场所,然而,在缺乏相应评价维度的情况下,学生的创造性思维无法得到系统锻炼和展现。一个不断尝试新技术、新打法的学生,虽然可能在技能测试中不占优势,但他的创新尝试对于自身能力的提升和团队整体水平的提高都具有积极的影响。遗憾的是,这些积极的尝试往往得不到应有的评价和鼓励,久而久之,学生可能因为看不到创新的实际意义而放弃探索。

评价体系对创新思维和个性发展的忽视,还可能导致学生对体育学习的兴趣下降。在缺乏多元化评价的环境中,学生会倾向于遵循固定的模式,进行机械训练,以应对测试和考核。这种教学和评价的同质化倾向,不仅让体育课变得枯燥乏味,也让学生失去了对探索新事物的好奇心和主动性。长此以往,学生会逐渐将体育学习视为一项任务而非乐趣,从而失去继续深耕某项运动的动力。更为严重的是,这种对个性和创新的压抑,可能会让学生在其他领域的创造性思维也受到负面影响,限制他们的全面发展。个性化教育强调因材施教,根据学生的特点和兴趣进行差异化培养。然而,当评价标准过于统一时,教师在教学过程中也会不自觉地将注意力集中在如何帮助学生达到统一的考核标准上,忽略了对学生个性和创造性的引导。教师的教学设计缺乏创新和灵活性,学生在课堂上无法体验到多样化的学习方式,这使得体育课堂变得单一而缺乏活力。只有通过多元化的评价,才能激发教师和学生共同追求创新的积极性,为体育教学注入新的生机和动力。

许多优秀的运动员之所以能够脱颖而出,正是因为他们在比赛中展现了与众不同的战术思维和个性化的技术风格。高校体育教学作为培养未来体育人才的重要阶段,应当鼓励学生在学习过程中大胆创新,探索个性发展的可能性。评价体系的单一性不仅无法帮助学生挖掘自身潜力,还可能将他们的创造力局限在传统的框架内,无法实现体育教育应有的育人价值。

二、忽视过程性评价,注重结果性评价

高校体育教学评价普遍重视结果性评价而忽视过程性评价,导致学生的学习行为和态度未能得到充分重视。这种倾向不仅削弱了体育课程的育人效果,还影响了学生的学习积极性和持续发展。

(一)评价过于注重成绩和体测数据,忽视学生的努力和进步

高校体育教学评价体系当前普遍重视最终成绩和体能测试数据,这种倾向虽能客观反映学生的体能水平和技能掌握情况,却严重忽略了学生在学习过程中的努力和进步。体育教育不仅是对体能和技能的提升,更是对学生坚持、努力、挑战自我的过程的认可。然而,现行的评价方式却大多停留在结果导向上,对于学习过程中的细节和进步关注不足。例如,在体测项目中,跑步速度、引体向上次数、立定跳远成绩等量化数据虽然直观,但它们仅代表了学生某一时刻的表现,而无法体现学生在整个学期中为提升成绩所做的努力。学生的成长过程往往充满挑战与变化,尤其是对于那些体能基础较差的学生,他们在体育学习中经历的心理和身体上的转变是不可忽视的。一些学生可能起初在跑步时甚至无法坚持到终点,但经过反复的训练和坚持,他们逐渐学会控制呼吸、调整步伐,最终能够顺利完成测试。这样的进步虽然未必能在最终的测试数据中得到充分体现,却是学生在体育学习中最宝贵的收获。当前的评价方式如果仅凭最后的成绩评判学生的表现,则容易忽视这些努力,无法全面反映他们的实际成长情况。

过于注重成绩和数据的评价方式，也在无形中为学生设定了一个高压环境，让他们将体育学习单纯视为达成成绩目标的任务，而忽视了过程中对自我挑战、意志磨砺的重要性。这种单一的评价方式容易使学生对体育学习产生畏难情绪，特别是那些成绩不理想的学生，更容易在这样的评价机制下丧失信心和动力。体育课程的价值不仅在于体能的提升，更在于培养学生迎难而上的勇气和不断超越自我的精神。如果评价体系一味强调最终成绩而忽视过程，那么学生的这些精神品质将得不到应有的重视，甚至会因为看不到努力的价值而放弃尝试。另外，现行评价方式对学习过程的忽视，也使得学生难以获得来自教师的过程性反馈和指导。体育学习是一个持续进步的过程，学生在训练中的每一次调整和改进，都是他们朝着更高水平迈进的重要一步。体能较差的学生，可能在每节课中都在不断突破自己的极限，但如果这些努力无法通过评价体系得到反馈，那么学生很可能无法意识到自己的进步，甚至会觉得付出是徒劳的。这不仅会打击学生的积极性，还会使学生对体育学习的意义产生怀疑。长期来看，这种评价方式削弱了学生对体育的兴趣和热情，违背了体育教学的育人初衷。

不同的学生有着不同的体能基础和训练潜力，单纯依赖结果性评价无法体现这些个体差异。例如，一个天赋较好的学生可能通过简单的训练就能达到测试标准，而另一个体能较弱的学生即便付出数倍的努力，成绩依然难以达标。这样的评价模式很难激励后者继续努力，反而可能让他们产生不公平感，觉得自己的付出未能得到应有的认可。这种不公平感不仅影响学生对体育学习的态度，也会在班级中形成消极的学习氛围，影响整体教学效果。现行的成绩导向评价还可能导致学生忽视体育锻炼的长期价值，追求短期成绩而忽视平时的训练积累。许多学生在接近测试时才开始突击训练，这种临时应对的策略虽然在短期内可能提高成绩，但无法真正改善学生的体能素质和健康水平。长期来看，这种行为也无法帮助学生养成持续锻炼的习惯，违背了体育教学促进健康生活方式的目标。学生在体育学习中的进步应是循序渐进的结果，而不是一蹴而就的达标。

(二)缺乏对学习过程的评价,使学生忽视平时训练的重要性

高校体育教学评价的现行体系过于注重结果导向,导致学生普遍轻视平时训练的重要性,将体育学习视为一种临时应对的任务。评价体系主要围绕体测成绩和技能考核展开,这种单一的结果导向使得学生忽略了日常积累和持续练习的重要性。为了在测试中取得较好成绩,不少学生在平时训练中表现出懈怠态度,甚至只在考试临近时才匆忙进行突击训练。这种短期的应对方式虽然可能带来一时的成绩提升,却违背了体育教学所倡导的循序渐进和持之以恒的训练原则,也使学生无法真正理解体育锻炼的核心价值和长远意义。在缺乏过程性评价的情况下,学生在日常训练中的投入和表现往往得不到应有的重视。体育课程本应通过长期训练和不断积累来逐步提高学生的身体素质和运动技能,而非一时的突击和拼搏。学习过程中的参与度、纪律性、团队合作精神、训练态度等软性表现,是评估学生学习态度和进步的重要指标。然而,这些反映学生真实学习情况的过程性因素在当前的评价体系中极少被纳入考量范围。许多学生即使在课堂上表现出高度的参与热情和训练投入,但由于过程表现缺乏明确的评价标准,他们的努力往往被忽略,无法在成绩单上得到体现。

体育教学的关键在于培养学生良好的运动习惯和健康生活方式,但结果导向的评价体系却往往使学生偏离这一目标。由于评价重心集中于最终成绩,学生在日常训练中缺乏动力,甚至会觉得日常训练的价值有限。一些学生可能仅在考核前几周才开始集中训练,这种短期突击的行为虽然可能在一定程度上提升成绩,却无法替代长期的、系统的体育锻炼对身体素质的改善和运动技能的提升。长时间缺乏系统性训练,学生不仅无法巩固所学技能,还可能在日常生活中失去对体育锻炼的兴趣和热情,这与体育教育的初衷背道而驰。体育课不仅是技能训练的场所,更是培养学生坚持、专注、合作等品质的重要平台。在课堂上表现出的积极参与、努力训练、认真听从指导等行为,都是学生成长过程中的宝贵表现。如果这些过程性因素没有得到应有的重视和认可,学生在体育课上的积极性和主动性将大大削弱,甚

至可能产生敷衍应付的态度。相反,如果评价体系能够对这些过程表现进行科学、客观评价,学生将更有动力投入平时的训练中,并逐步形成健康的运动习惯。

突击训练通常意味着在短时间内进行高强度的运动,这种方式不仅无法稳步提高身体素质,反而可能因为准备不足导致运动伤害。相比之下,循序渐进的长期训练能够帮助学生逐渐提高耐力、力量和协调性,有效降低运动损伤的风险。评价体系如果过于关注结果,学生便会忽视训练中的科学性和安全性,为了追求短期成绩而牺牲长远健康。这不仅违背了体育教学的安全性原则,也难以培养学生对自身身体状况的正确认知和管理能力。教师在体育课程中不仅要关注学生的成绩,还应关注他们的学习态度、进步过程和整体发展。然而,结果导向的评价体系往往使得教师的教学重点偏向于如何提升学生的最终成绩,而忽略了对学生日常训练的指导和过程反馈。教师在评价学生时缺乏多元化的考核标准,很难根据学生的实际表现进行个性化教学调整,导致教学内容和方法缺乏灵活性和针对性。如果过程性评价能够得到重视,教师就可以更全面地了解学生的学习情况,为每个学生制定更加个性化的训练计划,提升教学的有效性和针对性。

(三)忽视学习过程中的积极表现,无法激发学生的学习主动性

当前高校体育教学评价体系对过程性评价的忽视,导致学生在学习过程中展现的积极表现得不到应有的重视。体育课不仅是技能训练和体能测试的场所,更是学生锻炼勇气、磨炼毅力、体验合作与竞争的宝贵平台。在体育学习中,学生的积极参与、对新项目的尝试、面对困难时的坚持等,都是成长的重要部分。然而,现有的评价体系往往仅关注最终的成绩,忽略了这些充满教育意义的过程性表现。这种评价的单一性,使得学生的努力和积极态度无法被认可,久而久之,他们可能逐渐失去对体育学习的热情和主动性。学生在体育课上的积极表现,是他们克服心理障碍、挑战自我的体现。在课堂上,许多学生勇于尝试自己不熟悉甚至畏惧的运动项目,这不仅需要体力上的投入,更需要心理上的突破。比如,一个原本恐高的学生在跳高或

攀爬项目中敢于尝试、克服恐惧的表现，无论结果如何，都应得到肯定和鼓励。然而，现行的评价体系对这些过程中的勇气和进步关注不足，学生的这些努力往往被淹没在最终的成绩评定中，无法在成绩单上体现出来。这种缺乏过程性评价的做法，使得学生的勇气和努力未能转化为有形的激励，无法有效引导他们在体育学习中不断尝试和突破。

团队运动、集体项目中的相互配合、共同奋斗，是学生在体育课上获得的重要经验。这些过程中的团队合作精神、领导能力、协调沟通等软性技能，对于学生的综合素质提升具有不可替代的作用。然而，由于这些表现难以量化，现有的评价体系很少给予关注。学生在团队中做出的贡献、在竞争中展现出的体育精神、在困境中激发的团队协作能力，往往无法通过成绩体现出来。这种评价的不足使得学生难以感受到集体参与的意义，无法从合作与竞争中获得应有的成就感和归属感，进而削弱了他们对体育课程的积极态度。过程性评价的缺失还使得学生在面对失败或挫折时难以获得有效的心理支持。不同学生的体能、技能水平存在差异，有些学生在学习过程中可能会遭遇频繁的失败，但他们在一次次尝试中不断进步的表现，正是他们不断成长的过程。这种过程中表现出的坚韧不拔的精神、面对失败不气馁的态度，是体育学习的重要价值之一。然而，当前的评价方式仅看重结果，使得这些重要的心理品质和积极表现无法得到应有的认可和激励。学生在学习过程中缺乏正面的反馈和鼓励，容易对自己的能力产生怀疑，甚至放弃进一步的尝试，这严重影响了他们的学习主动性和持续发展的动力。

积极参与、勇于挑战、合作共赢等表现应是体育学习中不可或缺的评价维度，这些行为不仅展示了学生的努力，也体现了他们在学习过程中对体育精神的理解和践行。然而，当这些积极表现未能纳入评价体系时，学生的参与动力便逐渐被削弱。学生如果看不到过程中的努力能够获得相应的肯定，便会倾向于只关注结果，而忽视体育学习本身的乐趣和成长体验。这种结果导向的评价方式，使学生逐渐将体育学习视为一种任务而非乐趣，难以在课堂上保持持续的兴趣和热情，进而影响他们对体育的长期兴趣和态度。教师在体育教学中不仅是技能传授者，更是学生积极态度和正向行为的引导者。然而，当评价标准过于僵化时，教师在课堂上往往难以对学生的积极表现做出及时、有效反馈。教师对学生在学习过程中的点滴进步、良好表现难以进行有效评价和鼓励，这不仅影响了学生的学习体验，也限制了教师在课堂上进行个性化指导的空间。体育教学的育人功能因此大打折扣，无法实现对学生非智力因素的全面培养。

三、教师主导评价，学生参与度低

（一）缺乏学生自我评价的机会，忽视了自我反思能力的培养

在高校体育教学中，评价体系往往由教师主导，学生被动接受评价结果，缺乏自我反思和自我评价的机会。这种评价方式忽视了学生作为学习主体的作用，使他们难以通过自我审视来认识和改进自身的学习情况。自我评价是学生对自身学习过程、努力程度和表现进行客观分析的重要手段，它能够帮助学生发现自己的优点和不足，从而有针对性地调整学习态度和方法。通过自我评价，学生不仅可以了解自己的学习情况，更能从中获得对自身能力的清晰认知。然而，教师主导的评价模式主要关注成绩和结果，缺乏引导学生进行自我反思的环节，使得学生无法在体育学习中养成自我导向的学习习惯，进而限制了他们在学习中的主动性和积极性。自我评价不仅仅是学生反思学习成果的途径，更是他们自我管理和自主提升的重要方式。学生面对各种体能训练和技能学习，自我评价能够帮助他们客观审视自身在每个环节中的表现。比如，一个学生在跑步训练中通过自我反思意识到自己的起跑姿势不正确，或者在球类运动中发现自己合作意识不足，这种意识的觉醒是改进和提升的第一步。然而，当评价体系仅仅由教师主导，学生的内在认知往往被淹没在单向的评价结果中，学生缺少表达和改进的机会，难以通过反思来弥补自身的不足。这不仅削弱了体育课程的教育效果，也无法激发学生在学习过程中的内在动力。

当前体育教学的评价机制侧重于量化结果，学生多依赖教师的分数和

评语来了解自己的学习情况,却缺乏自主参与的过程。评价的单向性使得学生的角色被动化,他们习惯于接受外界的评价而非主动探索自己的表现。教师的评语虽然能指出学生的优劣之处,但因缺少互动和反馈环节,学生往往无法理解自身在学习过程中的具体问题,更谈不上形成有效的改进措施。这种评价方式使得学生对学习的掌控感减弱,他们在体育学习中的表现和投入度也随之降低。反之,如果学生能够参与到评价中来,通过自我评价找到自己的闪光点和不足之处,便能逐步建立起自我导向的学习态度,更好地参与到学习和训练的过程中。学生的自我评价能力不仅对体育学习至关重要,也对其整体学习能力的提高有着深远影响。学生的自我反思过程能够培养他们的批判性思维和自我管理能力,这些能力在其他学科的学习中同样重要。自我评价使学生学会从多个角度看待自己的表现,鼓励他们不断质疑并改进自我。这种反思能力不仅帮助学生在短期内提升成绩,更能引导他们在长期学习中不断调整自我,以更积极的心态面对挑战。然而,当前的教师主导评价体系未能重视学生自我评价的培养机会,学生难以形成系统的反思习惯,也就无法在体育学习中充分发挥其主观能动性。

缺乏自我评价的机会,使得学生难以养成自我导向的学习习惯和持续改进的学习态度。他们往往习惯于接受教师的评价结果,而忽略了自身学习过程中的努力和思考。这种评价方式不仅局限了学生对体育学习的理解深度,还削弱了他们在课堂上的积极性和主动性。体育学习是一个需要不断尝试和调整的过程,学生如果不能通过自我评价来及时认识和改进自己的问题,他们的学习进步将受到极大的限制。评价的最终目的是促进学习,而不仅仅是对结果的评定。当学生在学习中缺乏反思能力时,评价就失去了其应有的引导和激励作用。教师主导的评价往往着眼于整体表现和结果,忽视了学生在学习过程中的点滴进步和努力。许多学生在学习中虽然未能在最终成绩上取得显著突破,但他们在克服困难、不断尝试的过程中已经有了显著进步。没有自我评价的参与,学生很难从这些过程性表现中获得自我肯定。只有当学生能够通过自我评价认识到自身努力的意义,他们才能在体育学习中感受到成就和进步,并愿意继续投入时间和精力。

(二)单一的教师评价缺乏互动,无法激发学生的学习兴趣

在当前的体育教学评价中,教师主导的单向评价模式普遍存在,学生在这种体系中往往处于被动接受的地位,缺乏与教师进行互动和沟通的机会。评价的单向性使学生在整个学习过程中感受不到自身的主动权和参与感,进而导致他们对体育课程失去兴趣和热情。体育学习不仅仅是技能的掌握和体能的提升,更是师生之间互动和交流的过程。教师在评价中传递的关注和重视,能够让学生意识到自己的努力和表现被看见和认可。然而,当评价方式缺乏互动时,学生的学习体验就会变得机械和枯燥,难以激发他们在课堂上的参与感和积极性。互动式评价能够为学生创造与教师交流的机会,让学生在评价中感受到自身的价值。通过互动,学生可以了解教师对其表现的看法,并有机会表达自己的学习体验和反馈,这种双向的交流不仅能加深学生对自身优缺点的理解,还能让教师更全面地掌握学生的学习动态。评价不应仅仅是教师对学生的单方面评判,而应是一个动态的过程,教师与学生之间的互动是这一过程的核心。学生在与教师的互动中,不仅能够获得专业的指导和建议,还能在被认可和鼓励的中找到学习的动力和自信。

现有的评价体系多以教师的主观判断为主,缺乏学生的参与和反馈。教师在评价过程中往往依据体测成绩、技能表现等客观指标进行打分,学生的主观感受、学习态度和个人成长则很少被纳入评价考量。学生在这种评价模式中感受到的更多是来自教师的压力和批评,而非鼓励和支持。这种评价方式的单一性,使得学生难以真正理解自己的学习状况,也无法从中获得积极的学习体验和动力。学生在评价中被动接受结果,缺乏与教师的互动沟通,很难让他们对体育学习产生持久的兴趣和参与感。缺乏互动的评价模式不仅影响学生的学习体验,也阻碍了他们与教师之间的信任建立。体育学习是一个充满挑战的过程,学生在课堂上常常会遇到技术难关或体能瓶颈,如果没有来自教师的及时反馈和互动,学生很容易在困难面前失去信心。通过互动,教师可以及时了解学生的学习困惑和心理状态,从而给予

针对性指导和激励，这种正向的互动能够帮助学生克服学习中的困难，保持积极的学习心态。反之，缺乏互动的评价只会让学生感到孤立和无助，无法从学习中获得成就感和满足感。

评价不仅是对学生表现的评定，更是学生与教师之间的重要沟通桥梁。通过互动，教师能够更好地了解学生的真实想法和需求，而学生也可以在评价中表达自己的学习感受和建议。这样的双向互动使得评价不仅具有评判功能，更具备了引导和激励的作用。学生在互动中能感受到教师对其学习过程的重视，这种被关注的体验能够激发他们对体育学习的积极态度和热情。反观当前的单向评价模式，由于缺乏互动，学生的声音在评价过程中被忽略，他们在学习中缺乏被支持和激励的感受，长此以往，学生对体育课程的兴趣和参与度将大打折扣。评价的互动性还能够帮助教师不断改进教学方法和策略。在传统的单向评价模式下，教师很难获得学生的即时反馈，也难以全面了解学生在学习中的困惑和不足。学生在评价过程中被动接受分数和评语，但这些结果性的评价并不能全面反映他们的学习体验和真实需求。通过与学生的互动，教师能够收集到更多关于教学效果的信息，从而根据学生的反馈进行教学调整和优化。这种基于互动的教学改进，有助于提升课堂教学的针对性和有效性，让体育教学更符合学生的实际需求。

互动式评价不仅能够激发学生的学习兴趣，还能提升学生对体育学习的主动性。学生通过参与评价能够获得更多的学习自主权，他们不仅仅是评价的接受者，更是评价的参与者和贡献者。这种参与感能够增强学生对体育课程的责任感和投入感，让他们在学习中保持高涨的热情和动力。互动不仅仅是对学习过程的补充，更是对学生个性和能力的肯定，通过互动，学生能够更清晰地看到自己的进步，理解自身的努力对学习成果的重要性，从而在学习中不断追求自我超越。

（三）忽视学生自我表达与同伴互评，削弱了学习的自主性和团队意识

学生的表现不仅仅是对体能和技能的体现，更是对合作能力、团队精神以及领导力的全方位展示。然而，当前的评价体系主要由教师主导，缺乏多

元化的评价形式，尤其是在学生自我表达和同伴互评方面存在明显的不足。体育课程是一个理想的平台，能够通过多样化的评价机制，培养学生的自我表达能力、团队意识和责任感。引入自我评价和同伴互评，不仅能够让学生对自身表现进行反思和表达，还能够促进学生之间的沟通与理解，提升学生的团队合作精神和互相尊重的意识。然而，教师主导的评价体系忽略了这些宝贵的学习机会，导致学生在学习中难以实现自我提升和团队意识的培养。学生通过自我评价能够更加自主地认识到自己的优点和不足，增强对自身学习过程的掌控感。例如，一个学生在课堂上可以反思自己的训练态度、团队参与情况以及对技能的掌握程度，通过这种反思，学生能够更好地了解自己在学习中的进步和需要改进的地方。自我评价不仅帮助学生在学习中发现问题，还能够增强他们的自信心和表达能力，让他们学会为自己的表现负责。然而，在现有的评价体系中，自我评价的机会被严重忽视，学生在整个评价过程中往往只能被动接受教师的评判，缺少自我表达的空间和机会，难以真正实现自主学习和自我管理的成长。

同伴互评作为一种多元化的评价方式，能够进一步激发学生的学习动力和团队意识。在体育课程中，学生之间的互动和合作是不可或缺的部分，通过同伴互评，学生可以从他人的角度审视自己的表现，了解自己在团队中的角色和贡献。这种评价方式不仅能够让学生意识到个人表现如何影响团队整体，也能帮助他们学会客观、公正地评价他人。通过互评，学生能够学会如何给予建设性的反馈，同时也学会接受他人的意见，这对于他们培养沟通能力和互相尊重的精神具有重要的意义。然而，教师主导的评价模式大多集中于个人的体能和技能表现，忽略了同伴互评的价值，学生之间的互动和学习得不到应有的重视。同伴互评在体育学习中具有独特的教育价值，它能够促进学生之间的相互学习和激励。学生在互评过程中可以看到同学在技能表现、态度、合作等方面的优点，从而激发自己的学习动力。例如，一个在篮球课上被同伴评为“积极参与且善于合作”的学生，会更加明确自己在团队中的优势和需要继续发扬的地方，而一个在互评中得到“需要更积极投入”的学生，也能从同伴的建议中认识到自己的不足，从而进行自我调整。这样的评价过程不仅提升了学生的自我认知能力，也增强了他们的团队合作意识，让他们在体育学习中学会如何支持和欣赏他人。然而，当评价仅由教师主导时，这种从同伴身上学习和借鉴的机会被忽略，学生在团队合作和互相学习方面的成长得不到充分引导。

忽视学生的自我评价和同伴互评，不仅削弱了学习的自主性，也不利于团队精神的培养。团队合作是体育课程的重要目标之一，通过参与集体项目和团队运动，学生能够学习如何与他人配合、如何在竞争中保持公平和尊重。然而，缺乏同伴互评的评价模式使得学生在这些互动中无法获得反馈和指导，他们的团队意识和合作能力难以在实际评价中得到体现和锻炼。自我评价和同伴互评不仅能够帮助学生在个人表现上不断进步，也能在他们与他人合作的过程中逐步提升团队意识和集体荣誉感，从而更好地实现体育课程的育人目标。现有的教师主导评价模式对学生的成长支持力度有限，缺乏互动性和参与感，导致评价的过程变得机械而单调。学生在评价中只能被动接受教师的结论，无法积极参与到评价的构建过程中，这样的评价方式无法调动学生的主动性。反之，如果能够引入自我评价和同伴互评，学生将在整个学习过程中感受到更强的参与感和责任感，他们会意识到自己的评价不仅影响个人成绩，更关系到团队整体的表现。这种认识能够激发他们在学习中更加积极主动，不仅关注个人进步，也更加关心团队的合作和成功。

四、评价反馈滞后且缺乏针对性

（一）反馈滞后，阻碍学生的即时改进

在当前的体育教学评价体系中，评价结果通常在课程结束后才反馈给学生，这种滞后的反馈模式使得学生在学习过程中难以及时了解自身的表现和需要改进的地方。体育学习是一个动态的过程，学生在训练和学习中不断调整和改进是提高成绩和技能的重要方式。然而，反馈的滞后使得学生错过了在学习过程中改进的最佳时机。例如，一个学生在某项体能测试

中表现不佳，如果能够在测试后立即获得反馈并接受针对性指导，他可以在接下来的训练中调整方法，弥补不足。然而，当反馈滞后到课程结束时，这种改进的机会已被错过，学生无法在学习过程中及时纠正自己的问题，进而影响了整体学习效果和学习体验。即时反馈是激发学生学习动力和改进行为的重要因素。学生在体育课上经历的每一个错误和进步都是宝贵的学习机会，而及时的反馈可以帮助学生在问题发生的当下进行调整，从而快速改善表现。滞后的反馈不仅削弱了评价的指导作用，还让学生对自身学习的投入和努力缺乏方向感。他们难以清楚地知道自己做得对不对、好不好，从而导致学习的随意性增加，错失了通过过程性学习不断优化自身表现的机会。缺乏及时的反馈，评价功能被弱化，学生在体育学习中的成长和进步受到严重限制。

（二）反馈形式单一，缺乏个性化指导

现行体育评价的反馈多为简单的分数、等级或简短评语，缺乏对学生个性化的指导建议。这样的反馈形式很难有效引导学生改进，因为分数或等级仅仅是对表现的最终结果的一种概括，却无法让学生明确自己在学习过程中的具体问题。学生面对分数，往往不清楚自己在哪些环节做得不够好，需要在哪些方面加强练习。比如，一个在跑步测试中获得较低分数的学生，通过简单的分数无法明白是起跑技术、步伐控制还是体能耐力的问题，更无法得到具体的改进建议，这种笼统的评价让学生失去有针对性的提升的机会。个性化的反馈能够为学生提供具体的指导，帮助他们有的放矢地改进学习表现。体育学习中，学生的表现差异往往体现在细节的技术动作、训练方法以及心理状态等方面，针对这些具体问题的个性化指导比单一的分数更能促进学生的成长。例如，在球类运动中，一个学生可能因传球不够精准而影响整体表现，个性化的反馈会指出传球时的站位、手势或用力不当等具体问题，从而为学生提供改进的方向。而现行的评价反馈缺乏这样的细节指导，学生只能凭借有限的信息进行盲目的自我调整，效果往往事倍功半，甚至错失改进的良机。

（三）缺乏具体改进建议，难以有效提升学生的表现

评价反馈缺乏针对性和实用性，使得学生难以针对自己的不足进行有效提升。理想的反馈应当不仅指出学生的不足，还应当为其提供具体可行的改进策略，从而指导学生如何一步步改善自己的表现。然而，当前的体育评价多以笼统的评语或分数为主，缺乏对改进方向的详细建议。例如，教师可能在评语中简单写道“需要加强体能”或“技术不够娴熟”，但对于学生而言，这样的建议过于笼统，无法转化为具体的行动步骤。学生在面对这些模糊的反馈时，往往不知所措，无法找到具体的提升方法。缺乏针对性反馈，使得学生在改进学习表现时缺乏明确的指引，这不仅影响他们的进步速度，也挫伤了他们学习的积极性。学生需要详细指导来了解如何改正错误、提高技能，比如如何调整姿势、改变训练方法，或是需要增加哪些专项练习。如果评价反馈能够提供具体的改进路径和详细的练习建议，学生会对自己的学习状况有更清晰的认知，从而更有信心和动力去实现自身的提升。然而，当反馈仅限于分数或简单评语时，学生难以从中获得实际的帮助，他们的学习进步会因此受到阻碍，学习的自信心也会随之下降。

五、缺乏科学性和公正性

（一）评价标准不统一，随意性较大

体育教学中，评价标准的不统一是导致评价缺乏科学性的重要原因。由于不同教师对同一项目的评价标准可能存在较大差异，学生的表现往往无法得到客观公正评价。例如，在评分体操、球类技巧等项目时，不同教师对技术细节的理解和要求各不相同，有些教师注重动作的完成度，有些则更关注表现力和创意。这样的标准差异导致学生在不同教师面前可能会取得不同的分数，这种缺乏统一标准的评价方式使得评分的随意性增加，影响了评价的可信度和科学性。评价标准的随意性还表现在教师对评分尺度的把握上。同样的表现可能在一位教师眼中是优秀的，而在另一位教师眼中仅

为一般水平。这样的主观差异使得学生难以明确自己在哪些方面需要改进,也无法对自己的表现形成稳定的认知。这种评价的不一致性容易让学生感到困惑,不知如何提高自身表现,从而挫伤他们的学习积极性。要实现科学公正的评价,体育教学需要建立更加明确、统一的评价标准,确保教师在评分时有据可依,使评价结果更具一致性和公平性。

(二)教师评分受主观因素影响,公正性不足

教师在评分过程中可能受到多种主观因素的影响,这使得体育评价难以完全公正。教师在评价学生时,有时会因学生的课堂表现、与教师的关系甚至个人喜好而影响评分的公正性。例如,教师可能对平时表现活跃、关系较好的学生给予更高的分数,而对那些性格内向、参与度较低的学生评价较为严苛。这样的评分方式使得评价结果掺杂了非教学因素,偏离了对学生真实表现的客观评判标准。这种主观性不仅影响了评价的公正性,也容易引发学生之间的心理不平衡,造成不良的学习氛围。受到主观因素影响的评分方式可能导致部分学生对体育课产生抵触情绪,认为自己的努力未能得到公平对待,从而失去学习的动力。特别是当学生感到评价结果受到情感和关系的干扰时,他们对教师的信任度会降低,对体育学习的积极性也会受到打击。这种不公正的评价环境不利于学生的健康成长,更不利于体育课程的育人目标的实现。

为了提升体育评价的公正性,教师在评分时应尽量减少主观因素的干扰,严格按照既定的评分标准进行评判。通过规范的评价流程和明确的打分标准,尽可能消除教师个人情感对评价结果的影响,从而提升评价的科学性和可信度。教师还应意识到公平评判对学生学习积极性的重要性,努力为每一位学生提供平等的评价机会,让他们在公平的环境中成长和进步。

(三)评价方式缺乏科学依据,影响学生学习积极性

体育教学评价中,一些评价方式缺乏科学依据,导致评分的准确性和客观性受到质疑。部分体育项目的评分过于依赖教师的直观感受和经验判

断，缺乏量化的标准和科学的数据支持。例如，在体操、舞蹈等注重表现力和美感的项目中，评分往往带有较强的主观色彩，教师根据个人审美和理解进行评分，这使得评价结果变得不稳定且难以复制。这种缺乏科学依据的评价方式，无法有效激励学生根据具体的建议进行提高，影响了体育教学的实际效果。缺乏科学性的评价还容易给学生带来挫败感，尤其是当学生认为自己的表现没有得到公正对待时，这种不满情绪会直接影响他们的学习态度和积极性。学生可能会认为，无论多么努力，最终的评分结果都取决于教师的主观判断而非自己的实际表现，这样的认知会大幅削弱他们的学习动力和投入感。科学、公正的评价应以数据和事实为依据，而非单纯依靠主观印象，这样才能真正帮助学生认识到自己的优势和不足，激励他们在学习中不断追求进步。

为了提高评价的科学性，体育教学应当更多地引入量化指标和客观数据。例如，在体能测试中，可以使用计时、计数等客观数据作为评分依据，而在技术评分中，则可以引入视频分析等技术手段，通过对动作的精准分析来进行评分。这些科学的评价方式能够有效减少教师主观因素的影响，为学生提供更为客观、公正的评价结果，同时也为教师提供了更科学的教学参考，助力体育教学的质量提升。

第二节 构建高校体育教学评价体系的必要性

一、促进学生全面发展，培养综合素质

构建科学合理的评价体系不仅仅是为了衡量学生的体能和技能水平，更是为了促进学生的综合素质发展。体育课程的价值远超于简单的体能训练，它是培养学生积极心态、团队精神、创新思维和意志品质的重要途径。通过科学的评价体系，能够更全面地考查学生在体育学习中的多维表现，为学生的全面发展提供科学的指导和激励。当前的评价体系若仅停留在结果导向的成绩评定上，容易忽视学生在学习过程中的情感投入、态度变化和团

队互动，而构建多元化的评价体系则可以弥补这一不足，从而激励学生在学习中不断挑战自我、合作创新，实现德智体美劳全面发展。多元化的体育教学评价体系可以通过多角度评价学生的学习表现，如学习态度、团队合作、领导力和创新思维等，从而更全面地反映学生的综合素质。体育学习不仅考验学生的体能，更涉及学生的心理素质和团队意识。在集体项目中，学生的合作精神和沟通能力对团队成功起着关键作用，而这些表现往往难以通过简单的体测数据来量化和评估。科学的评价体系能够将这些软技能纳入考察范围，让学生在体育课堂中感受到自己的多元价值和潜力。例如，通过引入过程性评价和同伴互评，学生能够认识到团队合作和积极参与对整体表现的贡献，这不仅提升了他们的团队意识，也让他们更好地理解体育运动中的集体荣誉感和责任感。

合理的评价体系不仅能够激发学生的学习动力，还能引导学生在体育学习中展现积极的心理和行为表现。体育课程中，学生常常面临着体能极限、技能挑战和心理压力的多重考验，科学的评价体系能够对这些努力进行客观评价，帮助学生认识到过程中的付出同样具有重要价值。例如，一个在跑步中拼尽全力却未能取得优异成绩的学生，通过科学的评价体系可以得到对其坚持和拼搏精神的肯定，这种正向激励能够增强学生的自信心和抗挫能力，引导学生在今后的学习和生活中继续迎难而上。评价的合理性和多元性让学生明白，体育学习的意义不仅在于成绩的好坏，更在于挑战自我、突破极限的成长过程。同时，科学的体育评价体系还可以通过激励学生参与创新，培养他们的创造性思维和实践能力。体育不仅是身体的锻炼，更是对策略、思维和创新能力的培养过程。一个多元化的评价体系能够为学生提供展示创造力的空间，比如在战术设计、新技术尝试和个性化运动表现等方面给出具体的评价标准和激励措施。这样的评价方式鼓励学生在运动中不断尝试新方法、探索新思路，从而激发他们的创新思维。这种对创新的鼓励不仅有助于体育技能的提升，也能培养学生面对未知挑战时的应变能力和创造性解决问题的素质。

构建科学的评价体系，还能够引导学生将体育学习与日常生活相结合，帮助他们形成健康的生活方式和积极的社会适应能力。体育教学的终极目标是培养学生良好的运动习惯和健康的生活态度，而评价体系的合理性能够帮助学生将课堂上所学的体育技能和精神转化为生活中的行为习惯。评价体系中的过程性评价和个性化指导能够让学生在学习中不断反思和调整，逐步养成良好的锻炼习惯和健康的生活态度。通过对学习态度、参与度和进步表现的认可，评价体系激励学生在生活中坚持锻炼，注重身心健康，从而提升学生的社会适应能力和整体生活质量。

二、增强体育学习兴趣，提高学习主动性

当前的高校体育教学评价方式多以成绩为导向，重视体能测试和技能考核结果，而忽视了对学生学习过程和积极表现的认可。这种单一的评价模式往往无法激发学生的学习兴趣，甚至会让他们对体育学习产生抵触情绪。过程性评价和互动式反馈的引入，能够让学生在每一次练习和比赛中感受到自己的进步，激励他们不断努力，提高对体育课程的兴趣。科学的评价体系注重对学习过程的认可，能够帮助学生在体育学习中获得更多的成就感和满足感。过程性评价不仅关注学生的最终成绩，还重视他们在训练和学习过程中的表现，包括努力程度、参与积极性和改进的持续性。通过这样的评价，学生能够看到自己在课堂上每一分努力的价值，从而更加积极地参与到体育活动中。例如，一个在课堂上始终认真投入、不断尝试改进技术的学生，即便在最终考核中未能取得突出成绩，他的努力和进步仍然能够通过过程性评价得到肯定和认可。这种评价方式让学生明白，学习的意义不仅在于最终的结果，更在于过程中的不断尝试和成长。

与传统的单向评分不同，互动式反馈注重教师与学生之间的沟通，通过及时评价和指导，帮助学生更好地理解自己的表现。教师在反馈中不仅指出学生的不足，还会给予具体的改进建议，帮助学生在日常训练中不断调整和优化自己的方法。这样的反馈不仅让学生了解自己的学习状态，也让他们感受到教师对其学习过程的关注和支持。学生在互动中能够提出自己的

困惑和想法，得到教师的专业建议，这种积极的交流让学生在体育学习中获得更多的信心和动力。构建多元化的评价体系，能够激发学生的自我反思和同伴互评，进一步提高他们学习的自主性。自我反思让学生学会从自身表现中发现问题，并主动寻找改进的途径；同伴互评则通过学生之间的相互交流和反馈，让他们看到不同学习方法的优缺点，激发彼此的学习动力。在体育课堂上，学生通过自我反思可以认识到自己的不足，并尝试改进。这种评价方式不仅提高了学生对体育学习的关注度，还培养了他们的责任感和团队意识，让他们不断调整和提升自己。

评价体系的完善还能够有效提升学生对体育学习的兴趣，让他们在过程中不断体验到体育的乐趣和价值。通过多元化的评价，学生能够在不同的项目和环节中发现自身的亮点，感受到参与的乐趣，而不是仅仅追求成绩的提升。科学的评价体系可以通过设置多样化的评价标准，比如团队合作、创新表现、努力程度等，让学生在不同方面都有机会获得肯定。这种多维度的评价方式鼓励学生在体育学习中充分发挥自己的特长，让他们明白体育不仅仅是竞技，更是展示自我、体验乐趣的重要方式。此外，科学的评价体系能够帮助学生建立积极的体育学习观，让他们在过程中不断找到学习的意义。通过对学习过程的认可和反馈，评价体系能够引导学生将注意力从单纯的成绩追求转向对自身表现的关注，培养他们持之以恒的学习态度。学生在体育学习中不再只是为了分数而训练，而是通过不断努力感受到自我提升的快乐。评价体系中对创新、合作、坚持等表现的肯定，让学生在学习中体验到体育精神的魅力，激发他们持续参与的兴趣和热情。

三、推动体育教学改革，提升教学质量

科学合理的评价体系是推动体育教学改革的重要动力，是提升教学质量的关键环节。通过构建科学的评价标准和方法，教师能够更加准确地掌握学生的学习状况，了解他们在体育课程中的表现和需求，从而对教学内容和方法进行优化调整。这种精准的反馈不仅有助于教师发现教学中的不足，还能为他们的教学改进提供切实的参考依据，使教学更加具有针对性和

实效性。科学的评价体系不再只是对学生的学习成果进行简单评定,而是成为教师不断改进教学、提升课堂质量的重要工具。传统的体育教学往往以固定的训练和考核模式为主,缺乏对学生个体差异和学习需求的充分考虑。通过合理的评价体系,教师可以及时获得学生在不同项目中的表现数据,并结合学生的学习反馈,针对不同的学习情况制定个性化的教学方案。例如,通过评价结果,教师可以发现哪些技术动作是学生普遍难以掌握的,从而调整教学重点;或者识别出在团队项目中学生的合作能力薄弱,为此设置专门的合作训练。这种基于评价的教学调整,能够更好地满足学生的学习需求,提升他们的学习效果,同时让教学内容更加贴近学生的实际情况。

评价体系不仅是对学生的评估工具,更是教师改进教学的重要参考和反馈渠道。科学评价能够帮助教师了解每一节课的教学效果,为教师提供清晰的数据支撑。例如,通过分析学生的过程性评价结果,教师可以了解哪些教学环节对学生最有帮助,哪些环节存在改进的空间。这种基于数据的教学反馈,可以帮助教师发现隐藏的问题,迅速做出调整,从而不断优化教学策略,形成教学和评价的良性互动。评价体系提供的反馈信息,不仅让教师看到学生的学习进度,也让教师反思自身教学设计的合理性和有效性,这为体育教学的创新和改进提供了源源不断的动力。科学的评价体系推动了体育教学从传统的“结果导向”向“过程导向”的转变,使得教学更加关注学生的学习过程和成长轨迹。传统的体育教学评价过于注重最终的成绩和体能数据,忽略了学生在学习过程中的努力和进步。教师可以全面了解学生在训练中的表现,捕捉到学生在学习过程中每一个细微的变化。这种对过程的重视,使得教师能够根据学生的表现及时调整教学节奏,优化教学策略,让学生的努力和进步在课堂上得到及时肯定和鼓励。这种过程性评价的引入,不仅提升了学生的学习体验,也为教师改进教学方法提供了重要的参考依据。

科学的评价体系还能够帮助教师更好地进行教学资源的分配和调整,确保每个学生都能在体育学习中获得相应的支持。通过评价反馈,教师可以识别出哪些学生在学习中存在困难,哪些学生在某些项目中表现突出。对于学习较为困难的学生,教师可以通过增加个性化的指导和训练内容,帮助他们克服困难;而对于表现优异的学生,教师则可以提供更具挑战性的训练项目,进一步激发他们的潜力。这种基于评价的分层教学,不仅提升了教学的精准度和有效性,也让每个学生都能够在体育学习中找到适合自己的发展路径,从而实现整体教学质量的提升。此外,科学的评价体系能够有效促进教师之间的交流与学习。通过评价结果的分析,教师可以分享各自的教学经验和改进方法,互相借鉴和学习,形成积极的教研氛围。评价体系不仅提供了教学效果的量化数据,也为教师提供了反思和总结的依据。通过对学生反馈的讨论,教师可以共同探讨不同教学方法的优劣,找出最佳的教学方法。这种教学评价与反思的互动,能够帮助教师不断提升教学能力,推动整个体育教学团队的进步和成长。

四、实现公平公正评价,提升学生的信任感

评价的公正性和科学性是学生对课程信任和积极参与的关键因素。然而,当前的评价体系往往存在较大的随意性和主观性,教师在评分过程中受到个人情感、学生关系等非教学因素的干扰,这不仅影响了评价结果的公正性,也削弱了学生的学习积极性。构建科学的体育教学评价体系,可以通过制定统一的评价标准和引入客观数据,减少教师评分时的主观干扰,确保评价过程的公平公正。科学合理的评价体系能够让学生感受到自己努力的价值,提升对体育课程的信任感和参与度,从而激发学生的学习动力。当前的体育教学评价体系中,不同教师在评分时的标准可能存在较大差异,同样的表现可能在不同教师眼中得到不同的分数。这种缺乏统一标准的评价方式容易让学生感到迷茫和不公平,进而质疑评价的公正性。通过构建科学的评价体系,可以为体育教学设定明确的评分标准,使教师在评价过程中有据可循,减少评分的随意性。例如,在考核学生的技能时,可以细化动作标准、步骤要求和评分细则,使得教师的评价更加客观、透明。这样的标准化评价,不仅让教师评分时更加有章可循,也让学生对自己的表现有更清晰的认

知,增强学生对评价结果的认可度。

在传统的体育教学评价中,许多评分仍依赖于教师的主观判断,这容易受到个人偏见和情绪的影响。为了减少这种主观因素,科学的评价体系可以通过数据化和量化的方式,提供更加客观、可信的评估。例如,可以通过电子计时器、跳远测量仪等工具,准确记录学生的表现数据;在技能评分中,可以借助视频回放和技术分析,对学生的动作细节进行客观评估。通过这些技术手段,评价体系能够为每一位学生提供公平的评价依据,使得评分结果更加科学和可靠。科学评价体系的公正性不仅体现在统一标准和数据支持上,还包括评价过程中对个体差异的合理考量。学生的体能基础、学习进度和个性表现各不相同,科学的评价体系可以在标准化的基础上,对学生的个体差异进行适当调整。例如,通过设定不同的评价层次,区分基础水平、进阶水平和优秀表现,不同学习水平的学生都能够在适合的评价标准下展示自己的能力。这种公平的评价方式不仅激励了各个水平段的学生,同时也避免了"一刀切"的评分方法所带来的不公平感。科学的评价体系让每一位学生都有机会感受到自己的进步和被认可,提升了学生对体育学习的信任感和积极性。

公正的评价体系能够有效增强学生对体育学习的信任感,进而提高学生的学习参与度。当学生意识到自己的努力能够通过科学的评价体系得到公正认可,学生会对自己的学习表现更加重视,对体育课程的兴趣也会明显提高。反之,如果学生感受到评价过程的不公平,他们可能会对体育学习产生抵触情绪,甚至怀疑自身的能力和努力的价值。消除评价过程中的不公正因素,让学生能够在公平的环境中学习和竞争,进而增强学生的学习信心和主动性。评价过程的透明和公平,让学生感受到教师对其表现的客观态度,避免了因主观评分而引发的师生矛盾和误解。学生在公正的评价环境中,不仅能够获得客观的反馈,还能感受到教师对其努力的认可和鼓励。这种信任关系的建立,能够促进学生与教师之间的积极互动,让学生在体育学习中更加愿意表达自己的想法和需求,进而实现更加有效教学和学习。

五、提供个性化指导，促进学生自我提升

传统的体育评价多以分数或等级形式呈现，这种简单化的反馈方式无法充分体现学生的个体差异，也无法有效指引学生的改进方向。科学的评价体系能够提供更加个性化的反馈，根据学生在学习过程中的具体表现，给予详细的建议和改进措施。通过个性化的评价，学生可以清晰地了解自身的优势和不足，并在日常训练中进行有针对性调整，从而不断优化自我、提高学习效率，最终实现持续的自我提升。个性化的评价能够帮助学生明确改进方向，是科学评价体系的重要价值所在。不同学生的体能、技能水平、学习态度和发展潜力各不相同，个性化的评价可以针对这些差异，提供具体而实用的指导。例如，在跑步项目中，有的学生可能在起跑环节表现较弱，而另一些学生可能在耐力方面存在不足。通过个性化的反馈，教师能够分别给予不同的改进建议，如调整起跑姿势、增强耐力训练等，帮助学生有针对性地提高自身表现。这样的评价方式使得学生不再只看到一个简单的分数，而是能够获得清晰的、可操作的改进路径，从而在学习中更有方向感和动力。

科学的评价体系强调对学习过程的关注，个性化的反馈能够让学生在日常训练中不断进行调整和优化。传统的结果性评价容易让学生忽略学习过程中每一个细节的意义，而科学的评价体系通过具体的指导，让学生认识到每一个细小改进背后的重要性。例如，一位学生的传球不够准确，个性化评价可以指出他在传球时的姿势问题，并建议进行特定的训练来改正。这种细致的反馈不仅帮助学生解决了技术上的问题，也让他们在训练中更有针对性和方向感，从而提高学习效果。这种不断优化自我的过程，正是个性化评价的核心价值所在。学生在接收到具体的反馈后，能够清晰地了解自身的进步和不足，这种认知促使他们主动进行自我反思，思考如何进一步提升自己的表现。相比于单纯的分数或等级，这种个性化的指导更能引发学生的内在动力，让学生愿意在日常训练中付出更多的努力，积极改进自身问题。个性化评价不仅为学生提供了具体的改进建议，还鼓励学生在学习过

程中主动探索和尝试新的方法，培养学生的自主学习能力和创新思维。这种自主改进的意识和能力，对学生的长期发展具有深远的影响。

学生不仅能够清晰认识到自己的不足，还能发现自己的优势，从而增强自信心。个性化的评价不仅仅指出学生的错误，更重要的是肯定学生在学习中的亮点。例如，一名学生在技巧上虽然稍显不足，但在课堂上的积极参与和团队合作表现却十分突出，个性化的反馈会表扬他的这些表现，激励他在保持优势的同时改进不足。这种全面的评价方式让学生能够在体育学习中不断体验到成就感，激发学生的学习兴趣，并在自信心的推动下不断追求自我提升。此外，个性化的评价体系不仅仅是对学生的指导工具，更是教师改进教学的重要反馈渠道。教师通过对学生个性化评价的分析，可以发现学生群体中普遍存在的问题，从而调整教学重点和方法。例如，如果大多数学生在某项技能上表现不足，教师可以根据这些反馈结果加强该技能的专项训练，优化教学内容和流程。这种基于评价的教学改进，使得体育教学更加贴近学生的实际需求，不断提升教学的针对性和实效性。科学的评价体系不仅推动了学生的个性化发展，也促进了体育教学的持续优化和进步。

六、培养学生自我评价能力，增强学习自信

评价不仅仅是对学生学习结果的评估，更是对学习过程的积极引导。引入自我评价和同伴互评机制，可以有效培养学生的自我反思能力和客观评判能力。自我评价让学生能够深入思考自己的学习过程，发现自身在训练和实践中的优缺点；而同伴互评则为学生提供了一个互相交流、彼此学习的平台，学生在互评过程中不仅学会了欣赏他人的优点，也通过对他人的观察和反馈，反思自身的不足。这样的评价方式能够让学生在体育学习中不断获得积极的心理体验和成就感，增强学生的学习自信心，推动学生在学习道路上不断进步。传统的体育评价模式往往由教师主导，学生被动接受评分，缺乏参与评价的机会。然而，科学的评价体系通过引入自我评价，使学生能够主动反思自己的学习表现，发现学习过程中的问题和改进空间。例如，在每一次训练后，学生可以通过自我评价反思自己的表现，如跑步时的

速度控制、球类运动中的技术动作等，并针对自身发现的问题制定改进计划。这样的自我反思过程不仅提高了学生对自己学习情况的认知，也促使学生积极探索和尝试新的训练方法，形成了自主学习的良性循环。

同伴互评作为科学评价体系中的重要组成部分，不仅能够让学生在相互交流中学习，还能促进学生的团队意识和合作精神。学生在同伴互评中可以听到来自同龄人的意见和建议，这些来自同伴的评价往往比教师的评价更易被学生接受和重视。同伴互评让学生学会客观、公正地评价他人，也学会如何接受他人的意见和批评。在互评过程中，学生可以发现其他同学的优秀表现，如某位同学在团队合作中的组织能力，或者在某项技术上的创新表现，这些观察不仅让学生学会欣赏和支持他人，也为他们的自身发展提供了新的思路和借鉴。通过互评，学生可以看到多样化的学习路径和可能性，这对学生的学习自信心有极大促进作用。自我评价和同伴互评让学生看到的不再只是一个冰冷的分数，而是他们在学习过程中所做的努力和改进。自我反思让学生对自己的进步有了清晰的认知，而同伴的鼓励和建议则进一步强化了他们的积极体验。当学生在评价中发现自己的进步时，学生会感到自己的努力得到了肯定，这种成就感将增强学生的自信心，激励学生在接下来的学习中更加积极投入。例如，一个在某项技能上进步明显的学生，可能会在自我评价中意识到自己坚持训练的价值，而在同伴互评中，其他学生的认可和赞赏会进一步强化他的学习动机，让他在接下来的学习中更加自信和努力。

通过培养学生的自我评价能力，体育教学还能够提升学生的独立思考和问题解决能力。学生通过自我评价不断反思和改进，这种过程不仅提升了他们的技能水平，也培养了他们在面对挑战时的自我调整能力。学生学会了如何在遇到困难时进行自我分析，并根据具体情况采取改进措施，这种独立思考和解决问题的能力，对学生在体育学习中的自信心建设有着重要的作用。评价体系不再只是教师对学生的单方面评判，而是一个引导学生主动参与、不断改进的动态过程。学生在这个过程中不断发现自我、挑战自我，这种积极的循环让学生在体育学习中始终保持自信和热情。互评让学生在相互交流中学会如何表达自己的观点，同时也学会如何倾听和尊重他人的意见。这种能力不仅对学生在体育课堂上的表现有积极影响，也对他们未来的社会交往和团队合作能力的培养有深远的意义。学生在互评中感受到集体的支持和鼓励，能够有效减少学习中的孤独感和压力，增强他们的归属感和学习积极性。

七、促进师生互动，营造良好的学习氛围

科学的评价体系不仅是对学生学习效果的检验工具，更是促进师生互动与沟通的重要桥梁。传统的评价方式往往局限于教师对学生的单向评分，缺乏足够的交流和反馈环节，这样的模式容易让学生觉得被动和疏离。而构建科学的评价体系，通过互动式评价，可以为师生之间建立一个双向沟通的平台，让教师更好地了解学生的学习需求和困难，同时也让学生能够及时获得教师的反馈和指导。这种双向互动的评价方式，不仅能够提升教学的针对性和实效性，更能够在课堂上营造出积极、信任和合作的学习氛围，增强师生之间的联系和理解。教师在评价中不仅给予学生分数或等级，更会通过具体的评语和个性化建议，直接回应学生在学习过程中的表现。这种互动式的评价模式让学生能够清楚地了解自己在哪些方面表现优秀，哪些地方还需要改进，从而感受到教师对自己学习的关注和支持。相较于传统的结果性评价，互动式评价更注重过程中的交流和反馈，教师在给予建议时往往结合学生的实际情况，提供更具针对性指导。这种评价方式让学生在学习过程中感受到教师的关心和引导，激励学生在学习中更加努力，同时也让教师能够及时根据学生的反馈调整教学策略，形成教学与评价的良性互动。

师生之间能够建立更加紧密的信任关系。在互动过程中，学生的疑问和困惑能够得到教师的及时回应，教师也能够通过学生的反馈进一步了解其真实的学习状况。这种双向交流让学生不再只是被动的接受者，而是主动的学习参与者，他们在交流中感受到自身学习过程的被重视，从而建立起对教师的信任感。当学生在课堂上遇到困难时，他们不会再因为畏惧教师

的批评而退缩,而是会主动寻求帮助和建议。这种良好的互动氛围,有助于消除师生之间的距离感,增强学生的课堂参与度和学习热情。互动式评价还为教师提供了及时调整教学方法的机会,教师可以准确捕捉到学生在学习中的具体困难和需求。例如,某个技术动作在课堂上出现普遍性问题,教师可以在互动评价中了解到这一情况,并在后续教学中针对性地加强练习或调整教学方法。这样的评价不仅是对学生学习表现的评估,更是教师不断改进教学、优化课堂设计的重要依据。通过评价,教师能够了解哪些教学环节最受学生欢迎,哪些环节需要改进,从而不断优化教学效果,最终提升整体教学质量。

科学的评价体系在促进师生互动的同时,也能够改善课堂的学习氛围,让学生感受到更加积极和开放的学习环境。在互动式评价中,学生不再只是沉默的接受者,而是可以表达自己观点和想法的参与者。教师在评价时可以鼓励学生分享他们在学习中的感受和体验,让学生在课堂上有更多的发言机会。这种评价形式不仅丰富了课堂内容,也培养了学生的表达能力和自信心,让他们在学习中敢于提出问题、发表意见,从而营造出一个充满活力和互动的学习氛围。教师在评价过程中不仅是指导者,也是学生学习的伙伴,通过互动评价,教师能够与学生共同讨论和解决问题,形成一种平等交流的环境。在这样的环境中,学生能够更好地体会到学习的主动性和主体性,教师也能够在交流中不断反思自己的教学实践,形成师生之间的良性互动。这种互动与合作的过程,不仅让教学变得更加人性化和个性化,也让学生在学习中获得更多的支持和动力。

师生之间的互动不再是单向的知识传递,而是一个充满反馈和共鸣的双向交流过程。科学评价不仅关注学生的学习结果,更重视师生之间的沟通和互动,让每一位学生在课堂上都能感受到教师的关注和指导。这种互动与交流,不仅提升了学生的学习积极性和自信心,也为教师的教学改进提供了重要参考。良好的学习氛围使得学生在体育学习中获得更多的成就感和心理支持,最终形成更加积极、融洽的师生关系。

第三节 高校体育教学评价体系改革的方法

一、建立多元化的评价标准，全面反映学生的综合表现

高校体育教学评价体系目前存在的问题之一是过于侧重体能测试和技能考核，忽视了对学生学习过程中的态度、合作精神、创新思维等综合素质的评价。为此，改革评价体系需建立多元化的评价标准，反映学生的综合表现。通过将过程性评价与结果性评价相结合，并设立多维度的评价标准，能够更有效地激励学生在体育学习中展现积极行为和软技能。

（一）结合过程性评价与结果性评价，全面考查学生的学习表现

当前的评价体系主要依赖结果性评价，如体能测试成绩和技能考核分数，缺乏对学生学习过程的考察。多元化的评价体系应将过程性评价和结果性评价相结合，既重视学生的最终成绩，也关注他们在学习过程中的表现。过程性评价可以通过课堂观察、训练记录、任务完成度等方式，评估学生在体育学习中的积极性、参与度和改进情况。例如，在日常训练中，通过教师对学生态度、纪律性、坚持精神的观察，记录学生的努力和进步，这些都能为最终评价提供重要依据。将过程性表现纳入评价体系，能够激励学生更加重视学习过程中的努力和付出，避免只在意成绩而忽视平时训练的现象。

（二）引入学习态度和参与度的评价，强化对软性指标的重视

学生的学习态度和课堂参与度往往被忽略。然而，这些软性指标对于培养学生的学习积极性和自我管理能力至关重要。多元化评价体系应设立对学习态度和参与度的具体评价标准，如学生在课堂上的专注度、任务完成情况、对待训练的态度等。通过对这些软性指标的评价，教师可以全面了解学生的学习状态，并给予相应的反馈和鼓励。例如，对那些虽然技能水平一般但始终积极参与、态度认真的学生，应在评价中给予适当的认可和奖励。

这样的评价方式能够激发学生的内在学习动力，让他们意识到，积极的态度和努力的过程同样重要，甚至比结果更能体现自身价值。

（三）纳入团队合作和领导能力的评价，促进学生的社交和协作能力

团队合作和领导能力是学生综合素质的重要体现。在多元化的评价标准中，改革应引入对团队合作、沟通协调和领导能力的考察。例如，在团队项目和集体活动中，教师可以通过观察学生的合作表现、沟通能力、团队贡献度等，对他们的团队精神和合作意识进行评价。对于在团队中积极承担责任、主动组织或鼓励队友的学生，应给予额外的鼓励和表彰。这样的评价不仅帮助学生提升协作能力，也让学生在体育学习中学会如何处理人际关系，提升社交技能。将团队合作和领导力纳入评价体系，能够促使学生在体育学习中更加重视与他人协作，培养集体荣誉感和责任感。

（四）重视创新思维和问题解决能力的评价，鼓励创造性表现

体育学习不仅仅是技能的训练场，更是创新思维和问题解决能力的培养平台。多元化的评价体系应重视对学生创造性思维和解决问题能力的评价，例如在设计战术、创新技术动作、尝试新运动方式等方面的表现。教师可以在评分标准中设立对创新性表现的加分项，以鼓励学生在体育学习中大胆尝试、创新突破。这样的评价机制能够引导学生在运动中思考和探索新的方法，激发他们的创新潜能。比如，在比赛中使用独特的战术设计、在训练中提出改进动作的建议等表现，都可以作为创新思维的体现而受到肯定。这种创新导向的评价标准，不仅丰富了学生的体育学习体验，也为他们在未来面临挑战时提供了宝贵的思维和解决问题的经验。

二、引入过程性评价，重视学习过程和进步

改革高校体育教学评价体系的一个重要策略是引入过程性评价，以重视学生在学习过程中的表现，而不仅仅是最终成绩的评定。过程性评价关注学生在日常训练中的努力、改进和参与情况，对学生的学习进步给予及时

的肯定。这种评价方式通过多种形式进行，确保学生的努力和改进能够被认可，从而激励他们不断进步。

（一）通过课堂观察和记录，及时反馈学生的努力和改进情况

过程性评价通过教师在课堂中的实时观察和记录，能够直观了解学生的学习态度、参与程度和改进情况。教师可以记录学生在每次训练中的表现，如参与度、认真程度、训练中的态度变化等，并根据这些观察进行反馈。这种即时的评价方式，让学生的每一次努力和改进都能被看见和认可，而不仅仅是在最后的成绩中体现。通过这种反馈机制，教师可以及时鼓励那些在课堂上积极参与、勇于尝试和不断改进的学生，即便他们的最终成绩并不突出。这种关注过程的评价方式能够让学生明白，每一分努力都是有价值的，激励学生在体育学习中保持积极的态度和不断进步的动力。

（二）利用平时训练记录，量化学生的进步轨迹

平时训练记录是过程性评价的重要工具，它能够量化和追踪学生在学习过程中的进步轨迹。通过详细的训练记录，教师可以记录学生的体能、技术动作的改进情况以及每次训练的完成度等数据。这些记录不仅帮助教师更好地了解学生的学习进展，也为学生提供了一个清晰的进步图景。例如，记录学生在跑步中的速度提升、体能耐力的增强或是某个技术动作的逐步完善等，让学生看到自己的努力正在逐渐转化为进步。这种量化的评价方式，不仅给学生提供了具体的反馈，还为他们设定了明确的改进方向，有助于学生在训练中不断调整和优化自我，提升学习效率。

（三）引入学生自评和同伴互评，增强自我反思和相互学习

过程性评价的另一个重要方式是引入学生自评和同伴互评，让学生在评价中主动参与，培养自我反思和相互学习的能力。自评让学生有机会回顾自己的表现，反思训练中的优点和不足，促使他们在今后的学习中主动改进。同伴互评则为学生提供了一个相互交流和学习的平台，学生在评价同

伴的过程中,不仅学习到他人的优点,还能够发现自身的差距,激发改进的动力。这种参与式的评价方式,增强了学生在学习中的主动性和责任感,使他们不再只是被动接受评价,而是成为评价的积极参与者和受益者,从而在体育学习中获得更多的成就感和心理激励。

(四)及时肯定学习过程中的进步,激励持续改进和发展

过程性评价的核心在于及时肯定学生在学习过程中的进步,这种即时的反馈机制对学生的学习态度和习惯培养至关重要。学生在体育学习中常常会遇到各种挑战和困难,过程性评价能够通过不断肯定和鼓励,帮助学生保持积极的心态。对于那些技能提升缓慢但始终坚持训练的学生,教师的认可和鼓励可以成为他们继续努力的动力源泉。即使是微小的进步,比如技术动作的改善、训练时间的增加、态度的积极变化等,这些都值得被评价和表扬。这样的评价方式能够持续激励学生在学习中不断改进,帮助他们树立良好学习习惯和积极的态度,推动他们在体育学习中不断向前发展。

三、实施个性化评价,提供针对性指导与反馈

高校体育教学评价体系的改革应注重个性化评价,根据学生的不同表现提供具体的反馈和改进建议。个性化评价能够帮助教师识别每位学生的优点和不足,并给予针对性指导,从而激发学生的学习兴趣和改进动力。通过这种细致的反馈,学生可以在日常训练中进行有针对性练习,不断优化自我、提升学习效率,实现持续进步。

(一)识别个体差异,提供个性化的改进建议

个性化评价的核心在于识别学生的个体差异,提供有针对性改进建议。每个学生在体育学习中的体能、技能水平、学习习惯和心理状态都有所不同,因此“一刀切”的评价方式往往难以满足学生的个性化需求。个性化评价通过对每位学生的详细观察和数据分析,能够发现他们在训练中的具体问题和进步空间。例如,对于一个体能较差但努力积极的学生,教师可以

在评价中给予鼓励并建议他加强耐力训练;而对于一个技术动作熟练但课堂参与不积极的学生,教师可以引导他提升合作意识,增加课堂参与度。通过针对性指导,个性化评价不仅指出问题,还为学生指明改进方向,帮助他们在训练中实现更有针对性练习和提升。

(二)通过细致反馈,增强学生的学习自信和动力

个性化评价强调细致反馈,能够增强学生的学习自信心和动力。相较于简单的分数或等级,个性化的反馈会详细描述学生的表现,指出他们的优点和进步,同时也对不足之处提出改进建议。这样的反馈让学生感受到自己的努力被看到,激励他们在体育学习中不断尝试和改进。例如,一个学生在跳远训练中动作不到位,通过个性化评价,教师可以详细指出其动作的具体问题,如助跑节奏不稳或起跳时机不对,并给予相应的训练建议。这种细致的反馈方式不仅让学生明确了自己的问题所在,还增强了他们的改进信心,使他们在接下来的训练中更有动力去纠正错误,逐步提升表现。

(三)针对实际情况,制定个性化的训练计划

个性化评价不仅是在评价环节提供反馈,更重要的是根据学生的实际情况制定个性化的训练计划。教师可以根据评价中的发现,为每位学生量身定制训练方案,帮助他们在最短时间内取得最大进步。例如,对于体能较弱的学生,可以制定循序渐进的体能提升计划,增加合理的体能训练强度和频次;对于技术相对薄弱的学生,可以设计专门的技术强化训练,重点解决他们在训练中遇到的具体问题。这样的个性化训练计划,能够让学生的训练更加有的放矢。通过个性化评价和针对性训练,学生不仅能更快看到自己的进步,也会更积极地参与到体育学习中。

(四)动态调整评价策略,适应学生的成长和变化

个性化评价强调对学生的持续关注和动态调整,根据学生在学习过程中的成长和变化,灵活调整评价和指导策略。随着学生体能和技能水平的

不断提升，他们的需求也会发生变化，个性化评价能够根据这些变化，及时更新评价内容和改进建议。例如，当一个学生的基础问题逐步解决后，教师可以在评价中逐步提高对学生的要求，增加更高难度的练习内容；而对于遇到新问题的学生，评价内容可以重新调整焦点，帮助他们克服新的学习障碍。这种灵活的评价方式，让学生在学习过程中始终能够得到适合自己的反馈和指导，避免了一成不变的评价方式对学生进步的限制，从而保障了他们持续进步的可能性。

四、加强师生互动，建立双向评价沟通机制

改革高校体育教学评价体系的关键之一是加强师生之间的互动，构建双向评价沟通机制。互动式评价不仅让教师能够深入了解学生的学习需求和困难，同时也为学生提供了一个表达自己学习体验和获得及时反馈的平台。这种双向沟通的评价方式，有助于提升教学的针对性和有效性，营造积极的学习氛围，增强师生之间的信任感。

（一）通过互动评价，教师更好地了解学生的学习需求

互动式评价为教师了解学生的学习需求和具体困难提供了宝贵的机会。传统的评价方式往往是教师单方面对学生的表现进行评估，而缺乏与学生的直接沟通，导致对学生实际学习需求的掌握不足。通过建立双向评价沟通机制，教师可以在评价过程中与学生进行深入交流，了解他们在训练中的感受、遇到的问题以及希望改进的地方。例如，通过课后交流、问卷调查或课堂讨论等方式，教师可以获得学生对课程内容、教学方法和训练强度的反馈。这种互动能够帮助教师精准把握学生的学习需求，从而有针对性地调整教学内容，使课程更加贴合学生的实际情况，提高教学的有效性。

（二）即时反馈促进学生改进，提升学习效果

双向沟通机制使得学生能够在互动中获得教师的即时反馈和指导，从而迅速调整自己的学习方法和表现。传统评价往往延迟到课程结束时，学

生在学习过程中的错误和问题无法及时得到纠正。互动式评价通过即时反馈,能够让学生在发现问题的当下得到教师的专业指导。例如,教师可以在课堂上即时指出学生在动作中的技术错误,并给予改进建议,学生可以立刻在训练中进行调整。这种快速的反馈循环,有助于学生迅速改正错误,巩固学习成果,提升整体学习效果。即时反馈不仅提高了学生对学习的敏感度,还让他们在每一次训练中都有明确的改进方向和动力。

(三)调整教学策略,提升教学针对性和灵活性

双向沟通机制为教师提供了不断调整和优化教学策略的依据。教师能够获得关于课堂表现、训练效果和学生心理状态的第一手信息。基于这些反馈,教师可以灵活调整教学内容和方法,针对不同学习水平和需求的学生,采取更具针对性的教学方法。例如,当教师发现部分学生在某项技能上存在普遍性问题时,可以增加该技能的训练强度,或采用更详细的分步教学方法进行讲解。对于学习进度较快的学生,教师则可以提供更具挑战性的任务和内容,保持他们的学习兴趣和动力。这种基于反馈的教学调整,使得课程设计更加动态化和个性化,最大化地提升了教学的针对性和有效性。

(四)营造积极学习氛围,增强师生信任感和合作意识

双向评价沟通机制不仅是评价工具,更是师生之间建立信任和合作的纽带。互动式评价让学生感受到教师对他们学习过程的关注和重视,从而增强了学生的学习积极性和课堂参与感。学生在评价中有机会表达自己的想法和建议,感受到自己在学习中的主体地位,这种被重视的体验能够有效提升学生的学习自信心。此外,教师通过互动评价对学生表现出支持和理解,能够增进师生之间的信任感,营造出一个积极、和谐的学习氛围。这种信任和合作关系,不仅让学生更加愿意接受教师的建议和指导,也让教师能够更顺畅地引导和激励学生,形成教学相长的良性循环。

五、引入自我评价和同伴互评，培养学生的反思能力

改革高校体育教学评价体系的一个重要策略是引入自我评价和同伴互评，帮助学生培养自我反思能力和客观评判能力。通过这两种评价方式，学生可以在学习过程中主动反思自身表现，发现优点和不足，同时从他人的视角了解自身表现，激励自己不断改进。这种评价方式不仅提升了学生的自我管理能力，还增强了团队合作意识，使学生在体育学习中更具主动性和积极性。

（一）通过自我评价，培养学生的自我反思和改进能力

自我评价是培养学生反思能力的重要手段，它鼓励学生在学习过程中不断审视自己的表现，找出优点和不足。与传统的教师评价相比，自我评价让学生亲身参与到评价过程中，增强了学生对自身学习过程的感知和理解。学生通过自我评价，能够认识到自己在训练中的优势，如积极参与、技术进步等，同时也发现自己的问题，比如专注度不够、体能欠缺等。这种反思过程让学生不仅依赖于外部评价，还能主动思考如何改进自己的表现。自我评价的引入，促使学生在学习中不断自我调整和优化，从而逐渐形成良好的学习习惯和积极的学习态度。

（二）同伴互评促进相互学习，增强客观评判能力

同伴互评为学生提供了一个在相互交流中学习和成长的平台。学生能够看到其他同学的优点，学习不同的训练方法和技巧，同时也可以客观地看待自己的不足。互评过程中，学生会得到来自同龄人的评价和建议，这种反馈形式往往比教师的评价更容易被接受，因为同伴的视角更贴近学生的实际体验。同伴互评不仅让学生认识到他人的长处，也通过相互比较激发了他们的竞争意识和改进动力。学生在互评中学会客观、公正地看待自己和他人，从而培养了他们的评判能力，这种能力对他们在体育学习中的持续进步和团队合作具有重要意义。

（三）激发自我管理和主动学习意识，提升学习积极性

自我评价和同伴互评能够激发学生的自我管理意识和主动学习的动力。在参与评价的过程中，学生不再是被动接受者，而是评价活动的主动参与者和评判者。这种角色转变赋予了学生更多的责任感，让他们更加重视自己的学习过程和表现。通过反思和互评，学生能够制定个人改进计划，明确自己的目标和努力方向，从而在日常训练中更加积极投入。自我管理能力的提升，让学生在体育学习中更具自主性，能够自觉进行训练和改进。主动学习意识的培养，不仅提升了他们的学习效果，也增强了他们对体育学习的兴趣和参与热情。

（四）强化团队合作意识，培养积极的学习氛围

同伴互评不仅帮助学生在相互比较中学习成长，还能够显著增强他们的团队合作意识。体育学习强调合作与竞争，而同伴互评正是将这两者结合起来的一种评价方式。通过互评，学生学会如何在竞争中尊重和欣赏他人的表现，如何在合作中给予他人建设性的建议。这种合作意识的培养，让学生在团队项目中表现得更加积极和主动，愿意承担责任、支持队友。互评环节也有助于营造积极的学习氛围，学生之间的相互鼓励和正向反馈，让学生感受到集体的温暖和支持。团队合作意识的提升，使得学生在体育学习中不仅关注个人进步，也更加重视团队的整体表现，提升了学习的整体积极性。

六、应用现代科技手段，提升评价的科学性和公正性

在高校体育教学评价体系的改革中，引入现代科技手段能够显著提升评价的科学性和客观性。科技工具如电子计时器、动作捕捉技术、视频分析软件等，为体育评价提供了精准的数据支持，减少了人为主观因素的干扰，使得评价过程更加公正、透明。这些科技手段不仅提高了评价的客观性，也为教师提供了详细的数据参考，有助于教学的优化和提升。

（一）电子计时器与传感器：精准记录体能数据，减少主观干扰

电子计时器和传感器技术能够为体育评价提供准确、即时的体能数据。传统的体能测试，如短跑、跳远等项目，通常依赖于人工计时或目测记录，这种方式容易受到人为误差的影响。通过引入电子计时器和传感器，能够实现对速度、距离、反应时间等数据的精准测量，确保评价结果的客观性和科学性。例如，在短跑测试中，电子计时器能够精确到毫秒级，避免了人为操作带来的误差，确保了成绩的公正性和可信度。传感器还可以实时监测学生在训练中的运动轨迹、速度变化等，为教师提供详细的体能表现数据。这种精准的数据支持，不仅减少了人为主观因素的干扰，也提升了学生对评价结果的信服感。

（二）动作捕捉技术：细化技能表现分析，提高技术评价的客观性

动作捕捉技术能够对学生的技能表现进行详细记录和分析，是提升体育技能评价客观性的重要手段。传统的技能评价主要依靠教师的观察和判断，容易受个人经验和主观感受的影响。通过动作捕捉技术，教师可以精确分析学生在技术动作中的每一个细节，如关节角度、动作速度、平衡性等。这种技术能够将学生的表现数据化和可视化，为教师提供直观的技术表现指标。例如，在体操、舞蹈等需要精细动作的项目中，动作捕捉技术能够帮助教师精准定位学生的技术错误，并给予针对性改进建议。这种基于数据的技能评价方式，不仅提高了评价的科学性，也让学生更容易理解自己的问题所在，从而更有效地进行改进。

（三）视频分析软件：提供可视化反馈，提升评价透明度

视频分析软件通过视频回放与动作标注，为体育教学评价提供了直观、透明的反馈机制。教师可以通过视频分析，对学生在训练和比赛中的表现进行详细回顾和评价。例如，通过慢动作回放，教师可以清晰地指出学生在某个技术动作中的错误环节，并结合视频画面进行讲解，让学生更直观地发

现自己的问题。这种可视化的反馈方式，有助于学生对自身表现进行深度反思和改进。视频分析不仅为学生提供了直观的学习工具，也让评价过程更加透明和公开，减少了学生对评价结果的质疑，增强了学生对评价的信任感。教师也可以利用视频分析数据，进行教学反思和策略调整，不断提升教学质量。

（四）数据分析平台：整合多维数据，助力个性化评价与教学优化

现代数据分析平台能够将各种科技手段获取的数据进行整合分析，为体育评价和教学优化提供全面的支持。通过将电子计时、动作捕捉、视频分析等多种数据整合到一个平台上，教师可以全面了解学生的体能、技能、参与度等多方面表现。这种综合分析能够帮助教师发现学生在训练中的长处和短板。例如，数据分析平台可以根据学生的历史表现，生成个性化的进步曲线，帮助教师了解学生的成长轨迹和改进效果。数据支持不仅提升了个性化评价的精准度，也为教师提供了详细的教学参考，推动教学内容和方法的不断优化。这种基于数据的教学评价和反馈，不仅让体育教学更加科学和系统，也让学生在学习中获得更具针对性指导和提升。

七、制定统一的评分标准，确保评价的公平性和一致性

改革高校体育教学评价体系，制定统一的评分标准是确保评价公平性和一致性的重要举措。现行的评价方式中，评分过程往往受教师个人主观判断的影响，导致评价结果存在随意性和不一致性。通过建立明确的评分标准，教师在评价过程中可以有据可循，减少个人偏见对评价结果的干扰。这种标准化的评价体系有助于确保学生在评价中获得平等的机会和公正对待，提升学生对体育学习的信任感。

（一）细化评分标准，明确技术要求和动作规范

统一的评分标准应细化到每个项目的具体技术要求和动作规范，使教师在评分时能够依据明确的标准进行评价。当前的评分体系中，教师在评判学

生的技能表现时往往依赖个人经验和直观感受,缺乏统一的技术规范。这种模糊的标准容易导致不同教师对同一表现给出不同的分数,影响评价的公正性。通过细化评分标准,例如明确动作的完成度、技术细节的正确性、表现的流畅度等具体要求,教师可以在评价时有明确的评分依据,减少了主观因素的干扰。细化的评分标准不仅让教师评分更加精准,也让学生清楚了解自己的表现应达到的标准和要求,从而在训练中有更明确的改进方向。

(二)建立评分细则,规范评分过程和尺度

统一的评分标准应包括详细的评分细则,规范评分过程和评分尺度,避免评分时的随意性。评分细则应明确各项表现的评分范围、分值分布及扣分依据,使得教师在评分过程中能够保持一致性。例如,在体操评分中,可以细化到动作的难度系数、姿态控制、平衡性和美感等具体评分指标,并规定每个指标的分值范围和扣分标准。这种评分细则的建立,能够有效规范教师的评分行为,使得评分过程更加透明和公正。评分细则的制定,还可以在评分培训和考核中进行演练和统一,确保所有教师在评分时遵循同样的标准,从而减少评价的随意性和不一致性。

(三)减少主观偏见,提升评价的透明度和信服度

制定统一的评分标准能够显著减少主观偏见对评价结果的影响。在体育教学中,不同教师的评分标准和尺度可能存在较大差异,有时甚至会受到学生与教师之间关系、课堂表现等非技能因素的干扰。通过建立统一的评分标准,所有学生的表现都将依据相同的评价尺度进行评判,无论由哪个教师评分,评价结果都能保持一致性和公正性。这种标准化的评分机制使得评价过程更加公开透明,学生能够看到自己被公平对待,也能更加信服评价结果,从而增强他们对体育学习和教师评分的信任感。

(四)加强评分培训和标准应用,确保评分标准的有效执行

制定评分标准只是改革的第一步,确保标准的有效执行同样至关重

要。要想评分标准真正发挥作用,学校需要对教师进行系统培训和指导,使他们充分理解和掌握评分细则的应用。通过定期组织评分研讨会、评分演练及评分考核等形式,让教师在实际操作中熟悉标准,统一评分尺度。此外,可以引入评分监督和审核机制,对评分过程进行抽查和评估,确保评分标准得到严格执行。通过对教师的持续培训和标准执行的监督,评分标准能够在实际教学评价中得到有效应用,从而保障评价的公平性和一致性,为学生创造一个公正的学习环境。

八、定期培训教师,提升评价技能和公平意识

为了确保高校体育教学评价体系的有效实施,对教师进行定期的培训是必不可少的。通过培训,教师可以提升评价技能和公平意识,更好地掌握科学的评价理念和方法,从而在评价过程中更加注重公平公正,提高评价的质量和水平。教师培训不仅有助于标准化评价过程,还能促使教师不断改进教学方法,为学生提供更专业的指导和支持。

(一)提升多元化评价方法的应用能力,增强评价的全面性

教师培训应重点提升教师对多元化评价方法的应用能力,使评价不再局限于单一的成绩考核,而是涵盖过程性评价、个性化评价、自我评价和同伴互评等多种形式。多元化的评价方法能够更全面地反映学生在体育学习中的表现,关注他们在学习过程中的努力、进步和积极性情况。培训过程中,教师可以学习如何利用观察、记录、反馈等手段进行过程性评价,掌握如何在日常教学中灵活应用不同的评价方法。这些技能的掌握,有助于教师在评价时更加精准、全面地了解学生的学习情况,确保评价结果更加科学公正。

(二)掌握个性化反馈技巧,提供针对性指导和支持

个性化反馈是提高评价有效性的重要环节,教师培训应注重提升教师在反馈中的技巧,帮助学生学会如何为不同学生提供有针对性的指导。个

性化反馈不仅要指出学生的不足，还需要结合每位学生的特点和需求，给予具体的改进建议。培训可以通过案例分析、模拟评价、角色扮演等方式，帮助教师学习如何在反馈中使用积极的语言，激励学生不断改进自己的表现。例如，通过案例展示如何针对不同类型的学生（如内向型、外向型、表现优异或表现较弱的学生）进行个性化的指导。这些培训内容能够提升教师的反馈能力，使教师在教学评价中更具亲和力和指导性，帮助学生明确改进方向。

（三）引入科技手段在评价中的应用，提升评价的客观性和科学性

随着现代科技的发展，科技手段在体育教学评价中的应用日益重要。教师培训应加强对科技工具的应用技能培训，如电子计时器、动作捕捉技术、视频分析软件等，让教师能够熟练运用这些工具进行精准评价。培训内容可以包括如何使用科技手段采集和分析数据、如何将科技手段与传统评价方法相结合等。通过科技手段的应用，教师可以减少主观判断带来的误差，使评价过程更加数据化和科学化。例如，培训可以演示如何通过视频分析找出学生动作中的技术缺陷，或利用电子计时器提高体能测试的精确性。科技手段的熟练运用，不仅提高了评价的客观性，还为教师的教学改进提供了详细的数据支持。

（四）增强公平意识，提升评价的公正性和透明度

教师在评价过程中应始终保持公平公正的态度，这是确保评价体系有效性的核心要求。应特别强调教师的公平意识，帮助他们认识到评价中潜在的主观偏见及其对学生的影响。通过案例分析、情景模拟和交流讨论等方式，培训可以引导教师反思自身在评价中的行为，学习如何避免评价中的个人偏见。教师还可以通过培训了解评分标准的严格执行和统一性的重要性，掌握如何在实际评价中保持中立，确保每位学生都能获得公正对待。增强公平意识的培训，有助于提升教师在评价中的公正性和透明度，让学生对评价结果更加信服，营造一个公平、公正的学习环境。

第四节 高校体育教学评价体系的构建

一、明确评价目标与原则

在构建高校体育教学评价体系时，首先需要明确其评价目标与基本原则。这一过程不仅是对学生学习效果的检验，更是为了促进其全面发展。评价体系的核心目标应涵盖对学生体能、运动技能、健康知识、运动习惯和态度等多个方面的综合考察。这种综合性评价将帮助学生全面认识到体育教育的重要性，激发学生长期参与运动的动力，从而在体能、心理素质和健康管理等方面取得长足进步。明确评价目标时，应充分考虑学生的个体差异。不同学生的体能基础、运动能力和兴趣爱好存在显著差异，评价体系不能简单地以单一标准衡量所有学生。因此，评价体系的设计应当注重个体发展，通过多样化的考核内容，覆盖学生的体能、技能、知识和态度等多个维度，确保学生的各项能力都能得到公平的评估。例如，评价学生的运动技能时，不仅仅关注他们的比赛成绩或体能测试结果，还应考量他们的运动技术、参与态度和团队合作精神等因素。这种多维度的评价目标将更有效促进学生的全面成长。

体育不仅仅是体能和技能的提升，还包括健康知识的学习和生活习惯的培养。通过考核学生对健康管理、合理饮食、运动损伤预防等方面的知识掌握情况，评价体系能够促使学生在日常生活中更加关注自身的健康，培养良好的运动和生活习惯。这样的综合评价目标，不仅有助于提高学生的体育素养，也能为其今后的健康生活打下坚实的基础。在构建评价体系时，还需明确科学性、客观性、全面性和可操作性等基本原则。科学性意味着评价体系必须基于准确的数据和科学的方法，确保评价结果能够真实反映学生的能力和进步。比如，体育成绩的评定应以运动数据、测试结果等客观指标为基础，而非仅凭教师的主观判断。通过借助现代科技手段，如智能穿戴设备和运动数据分析系统，教师可以更加精确地监控和评估学生的运动表现，确保评价的科学性。

评价结果不能受到学生与教师个人关系、性别、体质等外部因素的影响。因此,评价的标准应统一,评估过程透明化,避免人为因素的干扰。客观性不仅能够保证学生的公平竞争,还能提高评价体系的公信力,增强学生对评价结果的认同感。全面性是指评价内容的多样化,必须涵盖体育教学的各个方面。体育教学的最终目的是促进学生的全面发展,因此,评价体系不能局限于体能测试或运动比赛结果,而应包括运动技能、健康知识、心理素质、团队合作等多个维度。通过全面的评价,学校能够全面掌握学生的体育发展状况,了解其强项与弱项,从而为每个学生提供更加个性化的指导和支持。

一个完善的评价体系不仅要有明确的标准,还必须易于操作,便于教师和学生理解与执行。评价体系设计得过于复杂,可能会导致教师执行困难、学生难以理解,从而影响评价的公平性与准确性。因此,评价的方式和内容应当简洁明了,同时结合学校的具体条件,保证体系的可操作性。可以通过分阶段、分层次的评价形式,让学生在不同的学习阶段有不同的评价任务,确保整个过程平稳、有序。通过构建明确的评价目标和遵循科学性、客观性、全面性和可操作性等原则,能够确保高校体育教学评价体系的有效运行。这不仅有助于提高体育教学的质量,还能推动学生综合素质的提升。在明确评价体系的前提下,学生的体能、技能、健康知识、运动习惯等方面都能得到充分评估,从而为其全面发展提供有力的支持。

二、构建多维度评价指标

一个完善的评价体系不应仅仅局限于单一的体能测试或运动表现,而是要从多个角度全面评估学生的体育发展状况。为此,评价体系应涵盖身体素质、运动技能、理论知识、运动参与度和健康习惯等多个维度。通过多维度的评价,能够更加科学、全面地了解学生的整体体育能力,促进他们在体能、知识、技能和态度等方面的均衡发展。学生的身体素质反映了他们的健康水平和体能状况,通常通过各种体能测试进行评估。这类测试可能包括心肺耐力、力量、速度、柔韧性和协调性等多个方面。例如，跑步测试可以评估学生的心肺功能，仰卧起坐和俯卧撑测试则用于衡量耐力，坐位体前屈用于评估柔韧性。通过这些体能测试，教师能够直观地了解学生的体能基础，进而为他们制定个性化的锻炼计划，帮助他们增强体质。同时，身体素质的评估也能反映出学生在平时的运动锻炼中是否保持了足够的强度和频率，从而进一步指导学生优化日常锻炼计划。

在体育教学中，掌握运动技能的标准性和熟练度是学生发展体育能力的关键。通过评估学生在不同运动项目中的技术动作，教师可以判断其对运动技能的掌握情况。例如，篮球的传球与投篮技巧、足球的带球与射门动作、游泳的姿势与速度等，都可以作为评价运动技能的标准。技术动作的标准性指的是学生是否能够按照正确的技术规范完成动作，而熟练度则衡量学生在实践中的动作流畅性和稳定性。这样的评估方式可以帮助学生发现自己在运动技能上的不足，进而进行针对性的改进与提升。同时，运动技能的掌握不仅体现了学生的运动能力，也反映了他们在学习中的认真态度与投入程度。体育不仅是体能和技能的锻炼，还包括对相关理论知识的掌握。通过考试、问答或课堂讨论的形式，学生可以展示他们对运动原理、运动生理、健康管理、营养知识等内容的理解。掌握这些理论知识不仅能够提高学生的运动效果，还能帮助他们更好地进行自我健康管理。例如，了解如何预防运动损伤、合理膳食和安排科学的训练计划等，将有助于学生在未来长期保持良好的运动习惯和健康状态。理论知识的掌握不仅是学生体育素养的体现，也能为他们在体育活动中的安全与健康提供保障。

运动参与度可以通过观察学生在课堂上的表现、课外锻炼的频率等进行评估。积极参与体育活动的学生往往表现出较高的热情和主动性，而那些参与度较低的学生则可能缺乏运动动力。通过评估运动参与度，教师可以了解学生的运动态度，帮助他们找到适合自己的运动项目，激发他们的运动兴趣。例如，可以设立运动日记或运动计划，记录学生每周的锻炼时间和内容，从而更全面地评估他们的参与频率和持续性。通过这种方式，学生将更加重视体育锻炼,并逐步养成长期坚持运动的习惯。良好的健康习惯不仅仅表现在课堂上的表现,也与学生的日常生活密切相关。例如,学生是否能够自觉保持良好的作息习惯、是否能够合理饮食、是否有定期的锻炼计划等,都是健康习惯的体现。这类习惯可以通过学生的日常记录或自我评估来进行衡量。评价健康习惯的目的是帮助学生形成健康的生活方式,让他们认识到体育锻炼不仅仅是完成课堂任务,更是维护身心健康的重要手段。

三、建立科学的评价方法

建立科学的评价方法是高校体育教学评价体系中的重要环节,为了确保评价的全面性和公正性,应采用多种评价方法,结合定量与定性评价,从而提供更为准确的学生学习情况反馈。通过定量与定性评价的有机结合,能够更加全面地反映学生的综合表现,帮助教师了解学生在体能、技能、参与度和学习态度等方面的实际情况,进而为学生的发展提供科学有效的指导。定量评价是体育教学中常用的评价手段,它通过测试、打分等方式获取学生的运动数据,能够直观地反映学生的体能和技能水平。定量评价的优势在于其结果的客观性和易操作性。例如,在体能测试中,通过设定标准化的跑步、跳远、俯卧撑等项目,教师可以根据学生的测试成绩进行评分。这种评分方法能够明确反映学生在特定时间内的体能水平,同时也为学生提供了自我评估的参考依据。通过这些量化的数据,学生能够清楚地看到自己在哪些方面具备优势,在哪些方面还需要继续努力。

通过设定具体的技术标准,教师可以为每项运动技能设定评分标准。例如,在篮球传球和投篮测试中,教师可以根据学生的动作标准性、流畅度以及完成速度进行打分。定量评价还适用于评估学生的参与频率和出勤情况,通过记录学生的锻炼时间、参与活动的次数等,教师能够更好地把握学生的参与度。单纯依赖定量评价可能存在一定的局限性,因为它通常只关注结果,而忽视了学生在学习过程中所展现出的努力、进步和态度。因此,定性评价的引入为评价体系增加了灵活性和深度。定性评价通过观察、访谈和平时表现记录等方式,能够更全面地了解学生的体育学习过程。例如,教师可以通过观察学生在训练和比赛中的表现，分析他们的努力程度、协作能力以及问题解决能力。这种评价方法能够捕捉到学生在定量评价中无法反映的细微变化，为评价提供更丰富的背景信息。

教师可以通过与学生进行深入对话，了解他们的运动体验、个人感受和面临的困难。例如，学生可能在定量测试中表现不佳，但通过访谈，教师可能会发现该学生在课外进行过大量的自主锻炼，尽管成绩未能达到预期，但其努力和进步值得认可。这种深入了解学生的学习过程和态度，能够帮助教师更好地为学生提供个性化的指导，鼓励他们在未来的学习中继续努力。教师可以通过长期观察学生在课堂内外的表现，记录他们的参与态度、团队合作精神以及运动习惯的养成情况。通过这些日常的记录，教师能够更好地了解学生的学习态度和参与度，并为其发展提供及时反馈。例如，一个学生可能在定量评分上没有突出表现，但他在日常训练中表现出的积极性和团队合作精神可以通过定性评价得到肯定。这种评价方式能够更好地激励学生在日常学习中保持积极的态度，从而全面促进其体育能力和素养的发展。

定量与定性评价相结合，不仅能够准确评估学生的体能和技能水平，还能全面反映他们在学习中的努力、进步和态度。定量评价为教师提供了客观的标准化数据，便于比较和分析学生的体能和技能表现，而定性评价则为评价体系注入了更多人性化的维度，使得学生的个体差异、情感态度和学习过程都能够得到充分的考虑。两者的结合使得评价结果更加真实、全面。

四、运用现代技术手段辅助评价

通过引入先进的运动监测设备、教学视频分析软件等现代信息技术，教师能够更准确、及时地获取学生的运动数据，对其运动表现进行数据化分析，从而提升评价的准确性和效率。同时，借助线上平台的应用，可以实现灵活的评价和反馈机制，让体育教学和学生的自我管理更加有针对性和高效。借助智能手环、心率监测器等设备，教师可以实时监控学生的运动状态，如心率、步数、速度和卡路里消耗等。这类数据不仅能直观反映学生的运动强度和身体反应，还能帮助教师及时调整训练方案，确保学生在安全范围内锻炼。例如，在体能训练过程中，心率监测器能够提示学生是否达到了目标心率区间，从而最大化训练效果，避免过度运动造成的伤害。这种数据化的定量分析，使得教师可以更加客观、精确地评估学生的体能水平。

通过录制学生的运动过程，教师可以利用视频分析软件对学生的动作进行慢速回放、分解和对比。这不仅帮助学生更清晰地了解自己的动作细节，也便于教师在细节上给予针对性的指导。例如，学生在进行篮球投篮时，软件可以分析其动作轨迹和投篮姿势，找出技术上的不足并给出改进建议。这种技术手段的引入，使得教师能够更加细致地评估学生的运动技能，提升了动作纠正的效率，也增强了学生对自己学习过程的参与感。线上平台的应用则为体育教学的评价和反馈机制提供了更高的灵活性和便捷性。通过构建线上学习与评价平台，教师可以随时记录学生的运动表现，上传成绩和反馈意见，学生也能够随时查看自己的进展，了解自身的优劣势。这一机制不仅能够缩短反馈周期，还能让学生在课后通过平台继续进行自我评估和改进。例如，教师可以设置线上问卷或小测验，考查学生对健康知识、运动原理的理解，并根据学生的答题情况进行评价与反馈。这种灵活的评价方式，帮助学生在多元学习环境中保持持续的运动兴趣，并能够随时调整学习进度和目标。

线上平台还可以用于长时间的运动记录与分析，帮助学生建立健康档案，追踪其长期的运动表现和健康状况。学生可以通过平台记录每次锻炼的项目、时间、强度等详细信息，教师则可以基于这些数据对其锻炼计划进行调整和优化，提供个性化的运动指导。通过长期的数据积累和分析，教师可以更好地了解学生的运动习惯与进步趋势，并在必要时给予及时的建议与改进措施。这种数据化、系统化的管理和评价模式，能够帮助学生养成良好的运动习惯，并为其健康成长打下坚实的基础。学生可以通过智能设备和线上平台，自行设定锻炼目标、追踪运动进度，并根据系统反馈调整锻炼计划。这种自主参与的方式，不仅提高了学生对体育学习的主动性，还增强了他们对自我表现的关注和责任感。教师也可以通过平台监督学生的进展，随时提供鼓励和指导，形成有效的教学闭环。这种技术辅助的评价方式，既提升了教学效果，又增加了学生的参与感和动力。

五、建立动态的评价反馈机制

体育教学评价并不是一成不变的，学生的学习反馈、教学目标的变化都需要反映在评价体系中，因此，具备动态调整能力的评价机制至关重要。这种机制可以帮助教师根据学生的进展、表现以及反馈及时优化评价指标和方法，使整个教学过程更具针对性和实效性。体育教学目标和学生能力会随着教学阶段和课程要求发生变化，评价体系必须能够相应做出调整。例如，在课程初期，评价可能侧重于学生的基础体能和基本运动技能的掌握情况，而随着课程的深入，评价重点可能逐渐转向更复杂的运动技能、团队合作能力或对健康知识的理解。通过定期检视和更新评价指标，教师能够确保评价内容与教学目标保持一致，避免评价体系过于僵化或片面。同时，动态调整的评价方法也能够适应学生的个体差异，给予不同水平的学生更多的进步空间，使每位学生都能在适合自己的节奏下获得锻炼与提升。

通过快速反馈机制，学生能够更快了解自己在运动技能、体能和健康知识等方面的不足之处，明确需要改进的方向。这种及时的反馈不仅能帮助学生在短期内作出调整，还能激励他们在接下来的学习中更加专注和投入。例如，在运动技能评估后，教师可以立即提供详细的反馈，指出学生动作中的问题，提供纠正意见和建议。这样，学生可以在下次练习中迅速改正动作错误，从而提高学习效果。这种实时反馈不仅能够强化学生的学习成果，还能增强他们的自信心和积极性。动态评价反馈机制还应与学生的个人发展计划紧密结合，确保每个学生的成长轨迹都能得到及时追踪与调整。在这种机制下，教师可以根据学生的表现记录、学习进度和个人目标，定期评估其进展，并适时调整评价指标。例如，对于表现优秀的学生，评价标准可以逐步提高，以挑战他们的运动能力；而对于有学习困难的学生，评价方法可以适当放宽，并提供个性化的支持与指导。通过这种因材施教的方式,评价体系能够更加准确地反映学生的学习成果,并帮助每位学生实现更大的进步。

学生不仅是评价的对象,也应是反馈的重要参与者。教师应鼓励学生定期反思自己的学习过程,提出他们在学习中遇到的问题和困惑。通过反馈机制,学生的意见和建议可以被纳入评价体系的调整中,这有助于提高评价的公正性和科学性。例如,学生可以反馈他们对某些体育项目的兴趣与适应情况,教师可以根据这些信息调整课程内容和评价方式,帮助学生在合适的运动项目中取得更好的成绩。这种动态反馈机制不仅使学生感受到体育学习的参与感,也为教师改进教学方法提供了有价值的参考。通过线上平台,教师可以实时记录学生的表现,并随时提供反馈建议,学生也可以在线查看自己的学习进展,了解评价结果。智能设备的使用也使得运动数据的收集更加便捷和准确,教师可以根据这些数据动态调整评价内容和标准,确保评价结果的科学性与可靠性。

六、注重评价的激励作用

在高校体育教学中,评价不仅仅是检验学生学习情况的工具,更应当发挥出积极的激励作用。一个科学合理的评价体系,不仅能够让学生了解自己在学习中的表现,还应成为他们进一步学习的动力源泉。通过适当的激励手段,如奖励机制和荣誉表彰,能够有效增强学生对体育学习的兴趣和积极性,促使他们在锻炼和学习中不断挑战自我,追求更高的目标。针对表现优异或进步显著的学生,教师可以设置一定的物质或精神奖励。这种奖励不必局限于物质形式,可以是口头表扬、颁发荣誉证书或授予特殊称号。例如,在期末评定中,教师可以根据学生的体能进步、运动技能表现、课堂参与度等多个维度进行综合评价,授予"体育优胜者""最具进步奖"等荣誉称号。这样的激励不仅让学生感受到自身努力得到了认可,也能够激发他们进一步提升的动力。通过将评价与奖励机制相结合,学生不仅会更加重视自己的表现,还能以积极的心态面对未来的学习和锻炼。

荣誉表彰作为一种精神层面的激励,能够有效提升学生的自信心和归属感。学校可以通过组织体育颁奖典礼、发布优秀学员榜单等形式,对表现突出的学生进行公开表彰。这样的做法不仅能够在全校范围内营造积极向上的体育氛围,还能让获得表彰的学生享有成就感,从而进一步推动他们保持良好的运动习惯。此外,荣誉表彰不应仅局限于体育成绩上的优异表现,也应关注学生的坚持与努力。那些在学习过程中展现出顽强毅力和进步的学生,同样应得到肯定。这种多元化的表彰形式,能够激励更多学生积极参与体育活动,并努力追求卓越。评价的激励作用不应局限于那些表现突出的学生,表现相对普通的学生同样可以通过评价获得激励。评价体系应当关注每个学生的个体差异,通过对进步幅度的关注,让所有学生都有机会获得激励。例如,教师可以根据学生的起点设定合理的进步标准,不仅奖励那些在起点较高的学生,也表彰那些从较低水平取得显著进步的学生。通过这样的激励机制,学生会意识到,体育学习不仅是与他人竞争,更是与自己竞争,不断挑战自己的极限。这样,所有学生都能从评价中获得动力,推动自己在下一阶段的学习中取得更大进步。

体育学习是一个长期的过程,学生的进步往往是逐步积累的。在这个过程中,教师的持续反馈和鼓励至关重要。通过定期的评价反馈,学生能够实时了解自己的进展,并获得教师的鼓励与支持。例如,在日常课堂中,教师可以对学生的每一次进步给予肯定,强调努力和坚持的重要性。这种正向反馈能够强化学生的自我效能感,帮助他们建立起对体育学习的信心和热情,从而在今后的学习中保持积极性。通过线上平台,学生能够随时查看自己的成绩和进步情况,教师也可以通过平台及时给予鼓励和反馈。例如,学生在完成一项运动任务后,可以立即在平台上看到自己的成绩与上次的对比,系统还可以自动生成鼓励性提示,激励学生继续努力。这种即时的反馈不仅让学生感受到自己的进步,也强化了他们的自我管理能力,提升了学习动力。

参考文献

[1] 陈婷婷.高校体育教学模式创新研究[M].北京:九州出版社,2024.

[2] 钱坤,刘昱材,杨洋.育人视野下高校体育教学创新研究[M].长春:吉林出版集团股份有限公司,2024.

[3] 刘萍.普通高校体育课程教学实施与目标实现[M].长春:吉林人民出版社,2024.

[4] 杨迁,海冰,李萍.高校体育教学与训练[M].成都:电子科技大学出版社,2024.

[5] 李涛.高校体育教学模式研究[M].延吉:延边大学出版社,2024.05.

[6] 曹晓明.高校体育教学改革与创新研究[M].长春:吉林出版集团股份有限公司,2024.

[7] 陈强.高校体育教学理论与体育文化研究[M].长春:吉林出版集团股份有限公司,2024.

[8] 龙彦廷.高校体育教学与体育运动训练[M].延吉:延边大学出版社,2024.

[9] 刘彬,左斌,李应伟.高校体育教学及运动训练创新探索[M].北京:文化发展出版社,2024.

[10] 季虎.高校体育教学理论与训练实践研究[M].长春:吉林出版集团,2024.

[11] 马健勋.高校体育教学与科学训练[M].北京:北京工业大学出版社,2023.

[12] 位一纯,何松博,贾洪淳.高校体育教学工作研究[M].长春:吉林科学技术出版社,2023.

[13] 陈辉.高校体育教学探索与模式构建研究[M].北京:北京工业大学出版社,2023.

[14] 孙琦林.高校体育教学与科学化锻炼研究[M].长春:吉林人民出版社,2023.

[15] 张萍.现代高校体育教学与运动训练研究[M].哈尔滨:哈尔滨出版社,2023.

[16] 任翔,张通,刘征.高校体育教学模式创新研究与实践[M].沈阳:辽宁人民出版社,2023.

[17] 武承辉,丁旭飞,李永奇.高校体育教学方法与实践研究[M].长春:吉林科学技术出版社,2023.

[18] 李淑玲.高校体育教学及技能训练探究[M].长春:吉林人民出版社,2023.

[19] 聂丹,李运.体育强国视域下高校体育教学创新研究[M].长春:吉林大学出版社,2023.

[20] 刘瑛,阿拉腾仓,任才.高校体育教学多元理论与运动方法设计研究[M].长春:吉林科学技术出版社,2023.

[21] 田伟.高校体育科学化教学的创新与实践[M].长春:吉林大学出版社,2023.

[22] 王敏婷.高校大学体育教学理论与实践[M].长春:吉林人民出版社,2023.

[23] 张舒,尹上.高校体育教育理论及教学探索[M].长春:吉林人民出版社,2023.

[24] 李富岭,温利叶,孔德志.高校体育教学与训练[M].长春:吉林出版集团股份有限公司,2023.

[25] 陈威.高校体育教学与运动训练[M].长春:吉林出版集团股份有限公司,2023.

[26] 廖民玲.高校体育教学管理研究[M].长春:吉林摄影出版社,2023.

[27] 马超.高校体育教学与训练研究[M].长春:吉林出版集团股份有限公司,2022.

[28] 鹿道叶.高校体育教学设计与实践研究[M].西安:西安交通大学出版社,2022.

[29] 陈泽刚.高校体育教学改革创新与发展研究[M].长春:吉林出版集团股份有限公司,2022.

[30] 刘海洋,杨战广,杨少洁.基于有效教学理论的高校体育教学研究[M].北京:中国商业出版社,2022.

[31] 刘永科,齐海杰.高校体育教学改革创新与发展研究[M].北京:中国原子能出版社,2022.

[32] 王雪,王晓群,荣杰.高校体育教学创新研究[M].长春:吉林出版集团股份有限公司,2022.

[33] 董峰.现代高校体育教学研究[M].长春:吉林文史出版社,2022.

[34] 吕化.高校体育教学理论与实践研究[M].长春:吉林出版集团股份有限公司,2022.

[35] 郝乌春,牛亮星,关浩.新时代背景下高校体育教学改革与发展研究[M].北京:中国商业出版社,2021.

[36] 孙丽萍.新时代高校体育教学理论探索与实务研究[M].长春:吉林大学出版社,2021.

图书在版编目（CIP）数据

高校体育教学改革研究 / 袁露露，张和峰，王庆云著. -- 湘潭 : 湘潭大学出版社，2024. 9. -- ISBN 978-7-5687-1595-9

Ⅰ. G807.4

中国国家版本馆 CIP 数据核字第 20243KH889 号

高校体育教学改革研究

GAOXIAO TIYU JIAOXUE GAIGE YANJIU

袁露露 张和峰 王庆云 著

责任编辑：刘文情
封面设计：张　波
出版发行：湘潭大学出版社
社　　址：湖南省湘潭大学工程训练大楼
电　　话：0731-58298960 0731-58298966（传真）
邮　　编：411105
网　　址：http://press.xtu.edu.cn/
印　　刷：长沙印通印刷有限公司
经　　销：湖南省新华书店
开　　本：710 mm×1000 mm 1/16
印　　张：11.5
字　　数：202 千字
版　　次：2024 年 9 月第 1 版
印　　次：2024 年 9 月第 1 次印刷
书　　号：ISBN 978-7-5687-1595-9
定　　价：60.00 元